_____학교 ____학년 ____반 _____의 책이에요.

❸ 스스로 활동해 보세요

이 시리즈는 단지 지식을 전달하기 위한 교양서가 아니에요. 어린이 여러분이 교과서로 수업 시간에 배운 내용을 실제 현장에서 직접 체험하며 익힐 수 있도록 다양한 활동 내용을 담았지요. 책 중간이나 뒷부분에 이해를 돕기 위한 활동이 있으니 꼭 스스로 정리해 보세요.

❹ 견학 후 활동이 다양해요

체험학습 후에는 반드시 견학 후 여러 가지 활동을 해 보세요. 보고서 쓰기, 신문 만들기, 그림 그리기 등을 통해 체험학습에서 보고 들은 내용을 다시 한번 정리하면 알찬 체험학습이 될 거예요.

신나는 교과 체험학습 ⓗ

격동의 개화기 현장 속으로 운현궁과 인사동

초판 1쇄 발행 | 2007. 5. 25.
개정 3판 9쇄 발행 | 2023. 11. 10.

글 김보영 | **그림** 허라영 | **감수** 이이화

발행처 김영사 | **발행인** 고세규
등록번호 제 406-2003-036호 | **등록일자** 1979. 5. 17.
주소 경기도 파주시 문발로 197(우10881)
전화 마케팅부 031-955-3100 | 편집부 031-955-3113~20 | 팩스 031-955-3111

값은 표지에 있습니다.
ISBN 978-89-349-8519-8 64000
ISBN 978-89-349-8306-4 (세트)

좋은 독자가 좋은 책을 만듭니다. 김영사는 독자 여러분의 의견에 항상 귀 기울이고 있습니다.
전자우편 book@gimmyoung.com | 홈페이지 www.gimmyoungjr.com

어린이제품 안전특별법에 의한 표시사항

제품명 도서 제조년월일 2023년 11월 10일 제조사명 김영사 주소 10881 경기도 파주시 문발로 197
전화번호 031-955-3100 제조국명 대한민국 ⚠ 주의 책 모서리에 찍히거나 책장에 베이지 않게 조심하세요.

격동의 개화기 현장 속으로

운현궁과 인사동

글 김보영 그림 허라영 감수 이이화

주니어김영사

차례

운현궁과 인사동에 가기 전에

미리 준비하세요

1. 준비물 필기도구, 사진기, 지하철 노선표,
　교통비, 《운현궁과 인사동》 책
　(그 외 필요한 것을 확인하고 준비해요)

미리 알아 두세요

관람 시간	4~10월 : 09:00~19:00
	11~3월 : 09:00~18:00
입장료	무료
휴관일	매주 월요일과 매년 1월 1일은 문을 열지 않아요.
문의	02) 766-9090
주소	서울 특별시 종로구 운니동 114-10
홈페이지	http://www.unhyungung.com

주말에는 다양한 행사가 자주 열린답니다.
가기 전에 미리 홈페이지에서 확인해 보아요.

가는 방법

교통편　지하철 3호선 안국역 4번 출구로 나가서, 곧장 50미터
　　　　정도 걸어가면 되요. 운현궁에는 주차장이 따로 없기
　　　　때문에 승용차를 이용할 경우 낙원 상가 쪽에 있는
　　　　유료 주차장을 이용해야 해요.

운현궁의 볼 만한 행사와 체험 프로그램

명성후 가례 재현 행사 장면이에요.

행사명	행사 내용
소문蘭 운현궁!	난(蘭) 그림을 빼어나게 그린 흥선 대원군을 기리며, 직접 흥선 대원군이 그린 난을 직접 그려 볼 수 있어요.
고종 · 명성황후 가례 재현	고종과 명성후의 가례 중 별궁에 사신을 보내 왕비를 책봉하는 의식과 왕이 몸소 나가 왕비를 맞아들여 대궐로 돌아오는 의식을 재현한 행사예요. 봄과 가을에 각각 한 차례씩 이어진답니다.
전통 의상 체험	조선 시대 전통 의상을 직접 입어 보고 기념 촬영도 할 수 있어요. 우리 옷을 입는 방법도 배울 수 있답니다.
유물 전시관	운현궁에는 상정 전시관이 있어요. 관람료는 별도로 없으며, 운현궁의 역사를 알아볼 수 있는 곳이랍니다.
운현궁 다도차실	운현궁 이로당에는 전통 차를 마실 수 있는 다실이 있어요. 관람도 하고, 우리 전통 차를 마시며 특별한 시간을 가져 보세요.

단, 위의 행사들은 1년에 걸쳐서 열리는 것으로, 해마다 조금씩 달라질 수 있으니 홈페이지에서 확인하세요.

운현궁과 인사동 정보
자원봉사 해설자에게 유적에 대한 설명을 들을 수 있어요. 안내소에 문의해 도움을 받으면 됩니다. 단, 평일에는 도움을 받을 수 없는 경우도 있으므로, 미리 전화로 문의해 보세요. 평일에 가면 한산한 분위기 속에서 꼼꼼하게 둘러볼 수 있어요. 주말에는 인사동 길에는 차가 다니지 않으며, 재미있는 구경거리도 많이 있답니다.

흥선 대원군과 개화기의 역사

조선 후기 영조와 정조가 나라를 다스리던 시대에는 백성과 나라를 위한 여러 가지 개혁 정치가 이루어졌어요. 그런데 정조가 갑자기 세상을 떠나면서 백성들의 생활은 어려워지기 시작하지요. 정조에 이어 나이가 어리거나 힘이 약한 순조·헌종·철종이 왕위에 오르는 동안, 권력을 잡은 정치가들은 백성보다는 자신을 위해 나랏일을 했거든요.

이런 상황에서 또 다시 열두 살의 어린 고종이 왕위에 올랐어요. 고종은 아버지 흥선 대원군에게 모든 일을 의지했지요. 그래서 정치는 흥선 대원군이 이끌었어요. 흥선 대원군은 이전과는 다른 정치를 했어요. 지난날 주름잡던 세력가들을 몰아내고 새로운 인재를 등용했지요. 또 백성들의 생활을 안정시키기 위해 노력했어요. 한편, 호심탐탐 조선을 노리는 외국에는 문을 닫고 교류를 하지 않았어요.

흥선 대원군이 물러나고 고종과 명성 황후가 정치를 이끌면서부터는 태도가 달라졌어요. 외국을 배척하기보다 교류를 통해 문호를 개방해야 한다는 목소리가 높아졌던 거예요. 그래서 나라에서는 청나라, 일본, 미국에 인재를 파견하여 새로운 기술과 문물도 배워 오게 했어요. 그러나 이런 개화 정책을 모두 반긴 것은 아니었

고종이 왕위에 오르다. (흥선 대원군의 정치가 시작되다.)	경복궁을 다시 짓기 시작하다.	명성후 가례가 치러지다.	서원의 문을 닫다.	흥선 대원군이 정치에서 물러나다.	강화도 조약을 체결하다.	임오군란이 일어나다.
1863년	1865년	1866년	1871년	1873년	1876년	1882년

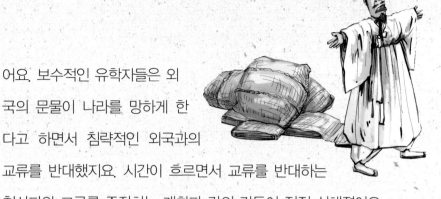

어요. 보수적인 유학자들은 외
국의 문물이 나라를 망하게 한
다고 하면서 침략적인 외국과의
교류를 반대했지요. 시간이 흐르면서 교류를 반대하는
척사파와 교류를 주장하는 개화파 간의 갈등이 점점 심해졌어요.

이런 가운데 농민들 사이에서는 평등을 주장하는 동학 사상이 퍼져나갔어
요. 고부 민란을 시작으로 전국 각지에서 동학도와 농민들이 들고일어났어
요. 그중 전봉준이 이끄는 농민군은 남부 지방 일대를 장악했지만 결국 실패
로 끝나고 말지요. 하지만 이를 계기로 정부는 갑오개혁을 추진했어요. 비록
일본의 간섭 아래 추진된 것이었지만 법적으로 신분 제도를 폐지하고 조세
제도를 바꾸는 등 근대적인 개혁이 이루어졌답니다.

한편, 이 무렵 조선을 둘러싸고 일어난 청 · 일 전쟁에서 일본이 승리하면
서 조선에 대한 일본의 영향력이 커지게 됐어요. 고종과 명성 황후는 러시아
와 손을 잡고 일본을 누르려고 했지요. 그러자 일본은 명성 황후를 살해하고
말아요. 위기를 느낀 고종은 러시아 공사관으로 잠시 피해 있었지요. 그 사이
일본 세력이 주춤해진 대신 점차 러시아의 영향력이 커졌어요.

이렇게 개화기의 조선은 안팎으로 정치적 혼란을 겪으며 역사의 한 고비를
넘기고 있었습니다.

우체국이 설립되고, 갑신정변이 일어나다.	서양식 병원 광혜원이 설립되다.	경복궁에 전기가 사용되다.	갑오개혁을 실시하다.	단발령이 발표되다. 을미사변이 일어나다.	대한제국을 선포하다.	일본이 대한제국을 강제로 합병하다.	삼일운동이 일어나다.
1884년	1885년	1887년	1894년	1895년	1897년	1910년	1919년

한눈에 보는 운현궁과 개화기의 현장

오늘은 운현궁과 인사동의 골목 곳곳에 배어 있는 옛 사람들의 흔적을 찾아보려고 해요. 운현궁에서는 한때 조선을 호령하던 흥선 대원군을 만날 거예요. 운현궁을 돌아보면 흥선 대원군이 어떤 정치를 펼쳤으며, 당시의 정치적 상황은 어땠는지를 알 수 있답니다. 그리고 인사동 주변에서는 외국 세력과 통상을 두고 격렬한 대립을 하던 정치인들이나 전등이나 전화기를 처음 보고 신기해 하던 백성들의 모습을 만날 거예요. 또 삼일운동이 일어난 그 날, 골목골목을 누비며, 혹은 큰길 한복판에서 만세를 부르던 사람들도 말이에요.

그런 옛 사람들의 흔적이 하나둘 쌓이면서 오늘날의 인사동 거리를 만들었답니다. 백여 년 전 이 거리를 거닐던 사람들의 발자국을 찾아서 함께 떠나보아요!

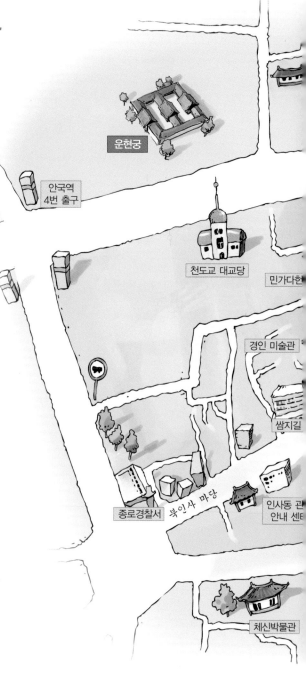

운현궁

안국역
4번 출구

천도교 대교당

민가다

경인 미술관

쌈지

종로경찰서   북인사 마당

인사동
안내 선

체신박물관

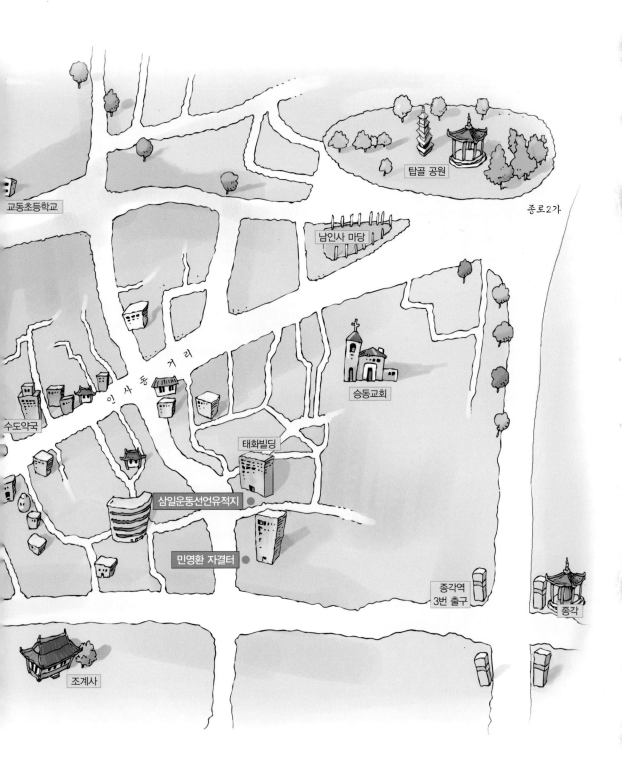

탑골 공원

종로2가

남인사 마당

승동교회

2동초등학교

태화빌딩

인사동 거리

도약국

삼일운동선언유적지

민영환 자결터

종각역
3번 출구

종각

조계사

흥선 대원군의 집 운현궁

유물 전시관

화장실

휴게실

첫 번째 답사할 곳은 '고종의 잠저(어릴 때 살던 집을 일컫는 말)'로 알려진 운현궁이에요. 고종이 열두 살에 왕이 된 후 옛 집을 헐고 새로 지은 곳이랍니다. 운현궁이라는 이름도 그때 붙여졌어요. 흥선 대원군은 이곳에 살며 나랏일을 살폈어요.

고종이 왕이 되기 전, 조선의 상황은 안팎으로 힘든 시기였어요. 정치를 하는 세도가들은 백성들의 생활은 돌보지 않고 자신의 가문을 이롭게 하는 데에만 신경을 썼으며, 바닷가에는 교류를 요구하는 이상한 모양의 서양 배들이 드나들었고, 백성들은 삼정의 문란으로 하루하루 살아가기가 힘겨웠지요. 이러한 때에 새로 왕위에 오른 사람이 고종이고, 그 뒤에서 정치를 돌본 이가 바로 흥선 대원군이에요.

그러면 흥선 대원군은 어떤 사람이었고, 어떻게 왕의 아버지가 되었으며, 또 어떤 정치를 펼쳤는지 함께 알아보아요.

이로당

우물

노락당 북행각

이로당
동행각

노락당

노락당
남행각

노안당

대문채
(중문)

노안당
서행각

솟을
대문

화랑

출입문

수직사

이런 순서로 돌아보세요!

수직사 ┄➤ 노둣돌 ┄➤ 솟을대문 ┄➤ 노안당 ┄➤ 노락당
┄➤ 이로당 동행각 ┄➤ 우물 ┄➤ 이로당 ┄➤ 유물전시관

세상이 어수선해!

세도가
정치에서 권력과 세력을 휘두르는 사람이나 집안을 말해요.

19세기는 매우 어수선한 시기였어요. 11세의 순조, 8세의 헌종, 나무꾼으로 살던 철종이 차례로 왕이 되면서 왕권이 약해지고 신하들이 나서서 정치를 펼쳤지요. 이때 왕의 외척이었던 안동 김씨, 풍양 조씨 가문들이 왕을 대신해 세력을 키워 갔어요. 이렇게 신하들이 왕보다 더 큰 권력을 잡고 나라를 다스리는 것을 '세도 정치'라고 해요.

당시 권력을 잡은 세도가들은 백성의 생활보다는 자기 가문의 번영을 먼저 챙겼어요. 그래서 일가붙이들을 정치에 끌어들이고, 재물을 모았으며, 돈을 받고 벼슬을 팔기도 했어요. 또 벼슬에 오르려는 사람은 열심히 실력을 쌓기보다는 돈을 모아서 세도가들에게 줄을 대려고 눈치를 보기에 바빴지요.

삼정의 문란

조선 후기 백성들은 세 가지 세금을 내며 살았어요. 이것을 삼정이라고 하지요. 바로 군정, 전정, 환곡이에요. 전정은 농사를 지어 세금으로 내는 곡식을 말하고, 군정은 군대에 가는 것을 대신해 내는 옷감이며, 환곡은 가난한 백성이 나라에서 곡식을 꾼 뒤 가을에 추수해 갚는 세금이에요. 그런데 조선 후기에 벼슬아치들이 말도 안 되는 숱한 이유를 붙여 세금을 마구 걷어들였어요. 이렇게 세금 제도가 어지럽혀진 것을 삼정의 문란이라고 하지요.

운현궁 둘러보기

운현궁은 무슨 뜻일까요? 구름 '운'과 고개 '현'을 써서 운현궁이라는 글자에는 '구름 고개 너머에 있는 궁'이라는 뜻이 있지요. 한편으로는 근처에 있던 서운관의 운자를 따서 운현궁이라는 이름을 지었다는 이야기도 있어요.
이런 운현궁이 어떤 모습으로 자리하고 있을까요? 자, 이제 흥선 대원군이 안내하는 운현궁의 구석구석을 돌아보아요.

▶▶ 운현궁으로 들어가요

매표소를 지나면 오른쪽으로 기다란 건물이 서 있어요. 운현궁 안으로 들어가려면 이곳에 먼저 들러야 했어요. 흥선 대원군을 만나기 위해서는 이곳 수직사에서 허락을 받아야 했거든요.

운현궁에 오신 것을 환영합니다.

이렇듯 정치가 썩게 되자 그 피해는 오롯이 백성에게 갔어요. 흉년에 전염병까지 겹쳐 살기 어려운 소용돌이에도 두 겹 세 겹으로 세금을 내야 했지요. 세금에 지친 백성들은 산 속으로 도망쳐 버리는 경우도 있었어요. 하지만 이에 아랑곳하지 않고 벼슬아치들은 세금이 덜 걷힌 몫을 남아 있는 사람들에게 부담시켰어요. 특히, 성인 남자가 내는 세금인 군정의 경우 죽은 사람이나 어린아이에게까지 내게 했어요. 원래 백성을 위한 제도였던 환곡도 국가가 강제로 빌려 주고 이자를 비싸게 물도록 했답니다. 어려움은 커져만 갔고, 물러설 데가 없는 백성들은 민란으로 저항했어요.

이렇게 어수선한 시기에 고종이 왕위를 이었고, 나이 어린 고종 대신 흥선 대원군이 나라를 다스리기 시작했어요.

민란
올바르지 못한 정치에 맞서 백성들이 일으킨 난이에요.

이 집에는 남자가 넷이니, 네 명 분의 세금을 내시오.

저희 아버님은 돌아가셨고, 얘들은 어려요.

노둣돌(하마석)
수직사를 지나 노안당으로 들어가는 솟을대문 왼쪽에 있는 돌이에요. 이 돌은 가마에서 내릴 때 발을 디딜 수 있도록 만든 거예요. 흥선 대원군은 '초헌'이라는 바퀴 달린 가마를 타고 다녔는데, 이 가마는 높이가 높아 이런 받침돌이 필요했습니다.

수직사
수직사는 운현궁의 경호원들이 있던 곳이지요. 건물 안을 들여다보면 당시 경호를 섰던 포졸들이 서 있답니다. 경호원을 둘 만큼 그때 흥선 대원군의 권력이 막강했음을 알 수 있지요.

이렇게 이용했어요.

11

왕의 아버지가 되다

철종은 왕위에 있으면서 여러 명의 자식을 낳았지만, 모두 어릴 때 죽고 공주 한 명만 살아남았어요. 그래서 철종이 죽자 양자를 들여 왕위를 잇도록 했지요. 궁궐의 최고 어른인 조대비는 익종의 양자로 이하응의 둘째 아들 이명복을 지목했어요. 사실 이것은 이하응(흥선 대원군의 이름)이 미리 조대비와 약속한 내용이었지요. 당시 실권을 잡고 있던 조대비는 능력이 없는 인물을 왕으로 앉혀 놓고 반대 세력을 견제하기 위한 계획을 품고 있었거든요. 왕이 될 이명복은 겨우 열두 살이었고, 이하응은 상가집마다 돌아다니면서 음식이나 얻어 먹고 행패나 부리는 '상가집개' 라고 불리던 인물인 점을 이용해서 말이지요.

그런데 사실 이하응은 누구보다도 왕이 되고 싶은 야망이 큰 사람이었지요. 하지만 섣불리 자신을 드러냈다가는 안동 김씨 세도가들

조대비
순조의 아들이자 헌종의 아버지인 효명 세자의 왕비였어요. 효명 세자가 왕이 되지 못하고 죽는 바람에 조씨 집안은 안동 김씨에 비해 힘을 얻지 못했답니다.

▶▶ 노안당으로 들어가요

솟을대문을 지나면 사랑채인 노안당이 나와요. 흥선 대원군이 주로 생활했던 곳이랍니다. 건물 안에 앉아 있는 흥선 대원군을 만나 보아요.

노안당에서 담소를 나누시지요.

솟을대문
담장보다 높게 만든 대문을 '솟을대문' 이라고 해요. 조선 후기에는 신분 구분이 약해져서 이런 대문을 많이 볼 수 있었지만 원래는 정2품 이상의 높은 관리가 사는 집에만 지을 수 있었어요.

에 의해서 어찌 될지 모른다는 생각에 일부러 망나니 같은 행동거지를 하고 다녔던 것이랍니다.

이제 자신의 아들이 왕이 되자 이하응은 뜻을 펼칠 기회가 왔다고 생각했어요. 왕의 나이가 어리다는 핑계로 이하응은 대원군이라는 칭호를 받은 뒤에 정치를 주도하게 된 것이지요.

🏯 대원군

왕의 아버지가 왕이 아닐 경우에 높여 붙여 주는 이름이에요. 선조와 철종의 아버지도 대원군이라 불렀답니다. 하지만 살아서 대원군 칭호를 받은 사람은 흥선 대원군뿐이었어요.

고종의 가계도

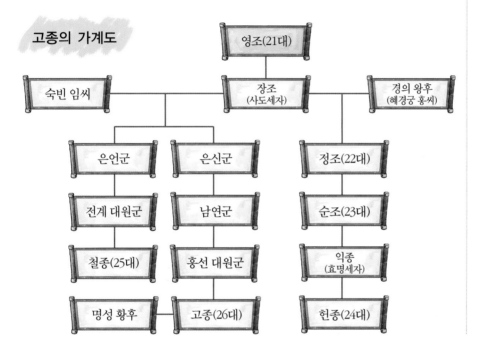

노안당

솟을대문을 지나 안으로 들어가면 보이는 높은 건물이에요. 이 건물은 남자들이 사용하는 공간인 사랑채랍니다. 흥선 대원군은 이곳에서 책을 보거나 나랏일을 걱정했지요. 또 손님이 오면 오른쪽으로 튀어 나온 영화루에서 맞이하고 담소를 나누었어요.

노안당 현판

대원군의 스승이었던 '추사 김정희'의 글씨를 다른 곳에서 가져다 붙인 것이랍니다. '노안당'은 공자가 쓴 《논어》에서 따온 말로, '노인을 편하게 하는 집'이라는 뜻이에요.

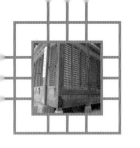

정치를 바로잡을 것이오

"태산을 평지로 만들며 남대문을 삼층으로 만들고 천리를 지척으로 만들겠다."

홍선 대원군이 정치를 시작하면서 한 말이에요. 이 말에는 홍선 대원군의 정치적인 의지가 강하게 담겨 있어요.

높은 산을 뜻하는 태산이란 안동 김씨 세 도가를, 남대문은 안동 김씨 에게 쫓겨났던 남인 세력을, 천리는 왕 의 친척을 말하는 것이랍니다. 그러니 까 세도 정치로 나라를 망친 안동 김씨를 몰아내고, 쫓겨나 있던

남인
당파의 하나를 말해요. 본래 당파는 동인, 서인 으로 갈라지고 다시 동 인은 남인과 북인으로 갈라졌지요.

여기서 잠깐!

어떤 용도일까요?

노안당 건물을 올려다보세요. 사진에 보이는 것들을 찾을 수 있나요?
이것들은 어떤 용도로 설치해 놓은 걸까요? 맞는 번호를 골라 써 보세요.

등자쇠 (　　　)

보첨 (　　　)

☞정답은 56쪽에

1. 더운 여름에 방문을 접어 올려 놓는 장치예요. 그렇게 해 놓으면 바람이 잘 통해서 시원한 여름을 보낼 수 있지요. 방 안에도 달려 있어 문을 위로 걸어올리면 두 칸이던 방이 한 칸이 됩니다.
2. 햇빛을 조절하는 장치예요. 나무로 만든 장치를 움직여서 길이를 조절할 수 있기 때문에 여름에는 길게 빼서 햇볕을 가리고, 겨울에는 줄여서 햇볕을 많이 받게 해요.

비변사

조선 시대 명종 때 왜구의 침입에 대비해 만들어진 임시 기구였어요. 임진왜란을 거치면서 세력이 강해져 세도 정치를 하는 사람들이 의정부를 무시하고 비변사에서 모든 나라 살림을 결정해 버렸어요. 원래 정치 기구의 중심 역할을 했던 의정부보다도 힘이 더 컸답니다.

남인 세력을 다시 불러들이고, 왕의 친척들을 끌어들여 왕권을 강화하겠다는 이야기지요. 흥선 대원군은 이를 위해 예전대로 우선 김씨 세도가들이 마음대로 권력을 휘두르는 기구였던 비변사를 폐지했어요. 그리고 원래 최고의 행정기관이었던 의정부의 기능을 강화해서 정치 기구를 바로잡았답니다.

서원

조선 중기 이후에 인재를 키우고 덕망 높은 조상을 제사 지내기 위해 전국 곳곳에 세운 기관이에요.

"백성을 해치는 자는 공자가 다시 살아난 다 해도 내가 용서하지 않겠다."

안동 김씨 세력을 몰아낸 흥선 대원군은 이번에는 세도 정치를 뿌리 뽑기 위해서 양반들의 본거지인 서원을 정리했어요. 지방의 학문 연구소였던 서원이 본래의

이 서원은 폐쇄되었소! 들어가지 마시오.

에헴, 이리 오너라

행랑채

노안당에서 내려다보면 낮게 보이는 건물이 있어요. 이곳은 운현궁의 하인들이 살던 행랑채랍니다. 아마도 이곳에서 하인들은 노안당을 우러러보았을 거예요. 그러다가 대원군이 부르면, 얼른 달려갔겠지요.

교육 기관으로서의 역할을 저버리고 자기 패거리의 세력을 키우거나 백성들에게 강제로 일을 시키면서 백성들을 괴롭히고 있었기 때문이지요. 이때 전국 서원의 93퍼센트가 사라졌답니다.

또한 흥선 대원군은 세금 제도도 뜯어 고쳤어요. 우선 군정의 문란을 막기 위해 호포법을 실시했어요. 평민만 내던 군포를 양반과 평민 구분 없이 집집마다 내도록 한 것이지요. 또 벼슬아치들의 옷을 간소하게 하고 사치를 금지하고 법전을 새로 정비하는 등의 여러 가지 개혁을 추진했어요. 이런 대원군의 정책이 양반들에게는 불만을 샀지만 백성들은 찬성했답니다.

옷이 간단해지니 편하긴 하군!

다양한 개혁 정책을 바탕으로 자신감을 얻은 대원군은 왕실의 권위를 높이겠다는 이유로 임진왜란 때 불타버린 경복궁을 다시 짓기로 결정했어요. 그 과정

▶▶ 노락당으로 들어가요

여자들의 공간인 운현궁의 안채랍니다. 처음에는 흥선 대원군 부부가 머물다가 나중에 명성 황후가 머물기도 했지요.

노락당
운현궁에서 가장 큰 건물이에요. 노인을 즐겁게 하는 곳이라는 뜻이 담겨 있어요. 건물 안에는 상궁과 흥선 대원군의 부인인 부대부인 민씨가 여러분을 맞이할 거예요.

여기서 **잠깐!**

부대부인 민씨를 찾아보세요.

운현궁은 흥선 대원군이 살던 집이에요. 그러니 당연히 흥선 대원군의 부인인 부대부인 민씨도 살았겠지요? 이곳 노락당 안에서는 부대부인 민씨가 상궁을 맞이해 뭔가 이야기하는 장면을 볼 수 있답니다. 부대부인이 어디에 있는지 찾아보세요.

에서 필요한 경비를 마련하기 위해 세
금을 더 거두어들이고, 양반들에게
원납전이라는 이름을 붙여 강제
기부금을 받았답니다. 경복궁을 짓
는 동안 나라 살림은 바닥나고, 공사 기간도 길어

진 탓이었어요. 서원을 없애고,
호포법을 실시하면서 대원군은
양반들에게 이미 많은 원성을 듣
고 있었지요. 그런데 경복궁을
다시 지으면서 양반들은 완전히
흥선 대원군의 반대편에 서 버
렸어요. 그리고 그간의 개혁 정
책으로 지지를 얻고 있던 백성
들의 인심도 흥선 대원군을 떠
났어요.

이제는 양반도
군포를 내야하오!

호포법
집집마다 나라에 세금
으로 옷감을 바치도록
한 법을 말해요. 예전
에는 상민만 내던 것을
흥선 대원군이 양반을
포함해 집집마다 모두
내게 했답니다.

경복궁 타령
예~남문을 열고 파루를 치니 계명산천이
밝아온다.
예~에헤야 어허야 얼널널거리고 방아로다.
예~을축 4월 갑자일에 경복궁을 이루었네.
예~에헤야 어허야 얼널널거리고 방아로다.
예~우리나라 좋은 나무는 경복궁 중건에
다 들어갔네.
예~에헤야 어허야 얼널널거리고 방아로다.
예~덜커덩 웬 소리냐 경복궁 짓느라고
헛방아 찧는 소리다.
예~에헤야 어허야 얼널널거리고 방아로다.
경복궁 공사에 동원된 백성들에게 작업 능
률을 높이도록 이런 노래까지 만들어
부르게 했답니다.

▶▶ 행각을 지나가면

문을 닫으면 뒤뜰과 앞마당을 가리는 병풍 구실을 한답니다.
뒤뜰에 가면 무엇이 있는지 행각 밑으로 지나가 보아요.

뒤뜰에서 명상에
잠길 것이니 방해
하지 마시오.

행각
이로당에 붙어 있는
동행각이에요.

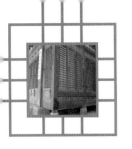

왕비는 힘없는 집안에서!

이제 대원군이 명성 황후를 맞아들인 이야기를 해볼까요? 고종이 왕이 된 지 3년째 되는 1866년에 흥선 대원군은 아들 고종의 가례를 준비했지요. 이제 선왕인 철종의 복상 기간도 끝났고, 대를 잇기 위해 왕비를 들여야 할 때가 되었거든요.

그 동안 외척들의 세도 정치를 경험한 흥선 대원군은 고종의 배필을 고를 때 남다른 신경을 썼어요. 선대 왕들인 순종, 헌종, 철종 3대에 걸쳐 안동 김씨 가문에서 왕비가 뽑혀 안동 김씨들의 어지러운 세도 정치가 이어졌기 때문이지요. 그래서 고종의 배필이 될 왕비는 힘 없는 집안 출신이어야 한다고 생각했어요.

사실 흥선 대원군은 안동 김씨 일가와 미리 혼인 약속을 해 놓았어요. 하지만 이를 어기고, 가까운 친척 없이 어머니와 단둘이 살고

왕후? 황후?
왕의 부인을 왕비 또는 왕후라고 해요. 우리가 알고 있는 인현 왕후는 숙종의 부인이에요. 그런데 왜 명성 황후는 왕후가 아니라 황후라고 할까요? 고종은 1897년 외세의 간섭에서 벗어나 자주적인 나라를 만들기 위해 나라 이름을 '대한 제국'으로 바꾸고 황제가 되었어요. 이에 따라 명성 왕후도 황후라고 불리게 되었답니다.

🏯 **가례**
왕의 결혼이나 즉위, 또는 왕세자와 왕세손 등의 결혼이나 책봉 따위의 예식을 말해요.

🏯 **복상**
상중에 상복을 입는 것을 말해요.

동행각 문을 지나면 한적하게 펼쳐져 있는 뒤뜰이에요.

경송비
고종이 어릴 때 오르내리며 놀던 소나무를 기리는 비석이에요. 고종은 왕이 된 뒤에 어릴 적 동무인 소나무에게 정2품의 벼슬을 내렸답니다. 유물 전시관에 가면 모형이 있답니다.

무승대
흥선 대원군이 좋아하던 난을 올려놓던 곳이에요. 낮에는 대청마루에, 밤에는 무승대에 난을 올려놓았지요. 흥선 대원군은 난을 좋아했을 뿐 아니라 난 그리는 솜씨도 뛰어났답니다.

우물
운현궁의 살림살이에 필요한 물을 얻던 우물이랍니다. 운현궁 앞쪽에 현대 기업의 사옥을 짓고 나서 우물이 말라 버렸어요.

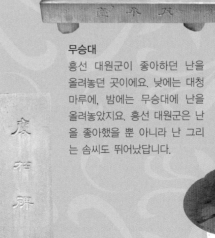

있던 민치록의 딸 '민자영'을 왕비로 점찍어 두고 있었지요. 이 사람이 바로 뒷날 흥선 대원군과 정치적으로 대립하게 되는 명성 황후랍니다. 민자영은 흥선 대원군의 부인이자 고종의 어머니인 부대부인 민씨의 먼 친척뻘이었어요.

미리 점찍어 둔 왕비감이 있었기 때문에 새 왕비의 간택 절차는 형식적으로 진행됐어요. 〈고종실록〉에 따르면 1866년 2월 5일 첫 간택이 치러지고, 29일에 두 번째 간택, 3월 6일에 마지막 간택을 거쳐 16세의 민자영이 선택되었어요. 왕비가 된 뒤 민자영은 운현궁에서 머물며, 궁중 예절과 풍습을 익혔지요. 그리고 나서 운현궁에서 가례를 치르고 정식 왕비가 되었답니다.

명성후 가례 재현 행사
명성후 가례는 1866년에 거행되었어요. 이때 치러진 절차는 역대 어느 왕들의 가례보다 호화롭고 다채롭게 진행되었답니다. 매년 운현궁에서는 명성후 가례를 재현하고 있어요.

여기서 **잠깐!**　**무엇일까요?**

운현궁 담장에 얹혀 있는 기와들을 잘 살펴보면 무늬가 새겨져 있어요. 무엇을 본뜬 모양일까요? 다음 글을 읽고 (　　) 안에 맞는 말을 써 보아요.

운현궁 담장의 기와

(　　　　)를 뜻하는 한자어인 蝠(복)자는 복을 뜻하는 복(福)자와 음이 같기 때문에, 중국에서는 행운을 주는 동물이라고 알려져 있어요. 그리고 기와가 매달려 있는 모습이 (　　　)와 같기도 하지요. 또한 (　　　)는 밤에 활동하는 동물이라 밤에 집을 지키라는 뜻으로 새긴 거예요.

☞정답은 56쪽에

양가집 규수에서 왕비가 되기까지

조선의 왕세자들은 보통 열 살이 넘으면 세자빈을 맞아들일 준비를 했어요. 세자빈은 장차 왕비가 될 사람이므로 세자빈을 뽑기까지 남다른 절차를 거쳐야 했지요.

왕세자가 배우자를 맞이해야 할 나이가 되면 국가 기관인 예조에서는 우선 전국의 사대부 가문 처녀들에게 결혼을 금지한다는 금혼령을 내려요. 그러고는 사대부 가문 처녀들의 사주와 함께 아버지, 외할아버지, 친할아버지의 경력이 적혀 있는 처녀 단자를 걷어 들였답니다.

이렇게 처녀 단자가 모아지면 세 차례의 간택 절차를 거쳐요. 후보자는 30명 안팎이었어요. 간택 신청이 마감되면 혼례를 준비하는 임시 기구인 가례청이 설치되고, 가례의 준비와 절차가 본격적으로 시작되었어요. 한편, 딸이 후보로 뽑힌 집안에서는 간택에 참가하려고 새 옷을 맞추고, 궁궐에 타고 갈 가마도 직접 마련해야 했어요.

간택을 할 때 기준은 가문뿐만 아니라 부덕과 미모도 포함되었어요. 또, "무슨 꽃이 가장 아름다운가?" "지붕의 기와가 모두 몇 줄인가?" 하는 것과 같은 지식과 지혜를 겨루는 질문도 했답니다. 하지만 무엇보다도 중요한 건 사주*였지요.

금혼령을 내려요.

처녀 단자를 모아요.

간택을 치르기 위해 궁으로 들어가지요.

집안이 아무리 좋아도 사주가 좋지 않으면 왕비가
될 수 없었어요.

왕실의 법도를 모두 익힌 뒤에 가례를
치르면 왕비가 된답니다.

    간택 절차는 세 차례까지 이어졌어요. 첫 번째
간택에서 30여 명을 선발하고 두 번째 간택에서
다시 5~7명을 고르고, 마지막 간택에서 3명을
뽑았어요. 최종 단계까지 오른 세 명의 후보 중
에 한 명이 세자빈이 되고, 나머지 두 사람은 평
생 혼자 살거나 왕의 후궁이 되어야 했답니다.

    마지막으로 선택된 후보자는 세자빈이 되지요. 때로는 왕비인 경우도 있지요.
그리고 혼례를 치르기 전에 따로 마련된 별궁에서 왕실의 법도를 배우고 난 뒤
가례를 치렀어요. 명성 황후는 운현궁의 노락당에서 왕비가 될 준비를 했지요.

    자기 가문에서 왕비가 나오는 것은 사대부 가문의 더없는 영광이었지요. 그렇
다면 모든 집안에서 왕비를 두는 것을 기쁘게 받아들였을까요? 꼭 그렇지만은
않았답니다. 왕비가 되면 가문을 빛내고 권세를 누릴 수는 있었지만 정치적 사
건에 휘말려서 도리어 가문이 몰락할 우려가 있었거든요. 따라서 처녀 단자는
자발적이기보다는 왕실에서 중매쟁이나 점쟁이들을 닦달해서 거두어 들이는
경우도 많았답니다.

*사주 : 사람이 태어난 년도, 월, 일 시의 네 간지를 뜻하거나 이를 근거로 사람의 길흉화복을 알아보는 점을
말해요.

세 차례의 간택 절차를 거치면 마지막으로
세 명의 후보자가 남아요.

최종 후보자 중 한 명이 선택되면
왕실의 법도를 익혀야 해요.

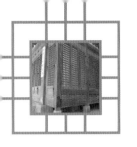

정치적으로 대립하다

역사 속 인물들을 살펴보면 서로 맞섰던 경우를 종종 볼 수 있어요. 그 중 빼 놓을 수 없는 사람들이 바로 흥선 대원군과 명성 황후랍니다. 이 둘은 시아버지와 며느리 사이이기 때문에 더 흥미가 있지요. 둘이 대립하는 모습은 여러 사건에서 나타나고 있어요. 과연 둘 사이에 어떤 사건들이 얽혀 있는지 한번 살펴볼까요?

우선 명성 황후는 흥선 대원군을 권력에서 물러나게 하는 데 누구보다도 먼저 앞장섰어요. 흥선 대원군

최익현의 상소
막대한 경비를 쓰는 것은 나라를 망하게 하는 일이라며 경복궁 공사를 중지하라는 내용과 나라의 경제를 위협하는 원납전 징수를 중지하라는 내용, 그리고 사대문을 지날 때 부과했던 통행세를 폐지하라는 등의 내용을 담아 올린 최익현의 글이에요. 흥선 대원군의 정치를 신랄하게 비판한 내용이었어요.

▶▶ 이로당을 돌아보아요

글자를 풀이해 보면 '두 노인을 위한 집'이라는 뜻이 담겨 있어요. 바로 흥선 대원군과 부인이 머무는 운현궁의 안채이지요. 원래 운현궁의 안채는 노락당이었지만, 노락당에 명성 황후가 머물면서 새롭게 만든 것이랍니다.

기단
운현궁의 기단은 일반 한옥의 기단보다 더 높고 모양도 달라요. 보통 기단은 큰 돌을 모아 쌓지만 운현궁은 큰 돌을 네모반듯하게 잘라 이어 붙였어요. 궁궐이나 사찰에서나 볼 수 있는 모양이지요.

이로당
노안당이나 노락당과는 달리 네모꼴이며 건물 안쪽 한가운데 뜰이 있는 점이 특이하지요.

운하연지
흥선 대원군은 붓글씨를 쓰기 위해 먹을 갈 때 이곳에서 물을 떠오곤 했지요. 또 보기 좋으라고 물풀을 띄워 놓기도 했으며, 물을 담아 놓아 소화기 역할을 했어요.

일영대
해시계를 올려 놓던 곳이에요.

은 고종 뒤에서 권력을 휘두르다가 최익현의 상소를 계기로 권력의 자리에서 물러나게 되지요. 그런데 이를 뒤에서 조정한 사람이 바로 명성 황후였답니다.

흥선 대원군이 정치적으로 외척 세력을 누르기 위해 명성 황후를 선택했지만 결과는 뜻대로 되지 않은 셈이지요. 명성 황후가 흥선 대원군의 기대와는 달리 무척 총명한 여성이었거든요. 고종과 함께 정치를 이끌었고, 또한 자신과 성이 같은 민씨들을 끌어들여 힘을 길렀지요. 이를 '민씨 정권'이라고 한답니다. 이렇게 명성 황후 세력이 커지면서 흥선 대원군과 명성 황후의 사이가 점점 멀어진 것이지요.

서로 정치적 관계가 이렇다 보니 흥선 대원군은 늘 명성 황후를 경계했어요. 임오군란 때 흥선 대원군은 명성 황후가 사망했다고 발표하고 장례식을 치르기도 했어요. 민씨

임오군란
1882년, 서울의 옛 군인들이 개화 정책에 불만을 갖고 일으킨 난이에요.

여기서 잠깐!

무엇일까요?

이로당 건물 안마당을 보면 벽돌을 쌓아 올려 기둥처럼 보이는 구조물이 있어요. 그런데 이 구조물은 무엇이고, 왜 이곳에 있는 것일까요? 맞는 답을 골라보세요. (　　　)

1. 굴뚝이에요. 보통은 굴뚝을 건물 옆에 붙여 만들었지만 화재의 위험이 크기 때문에 이렇게 건물과 떨어진 곳에 설치한 거예요.
2. 고종이 어렸을 때 담력을 키우도록 흥선 대원군이 만든 구조물이에요.

명성후 가례 재현 행사
가례 행사 중 처음으로 고종과 명성후가 마주 대하는 장면이에요. 고종 뒤에 서 있는 사람이 흥선 대원군이지요. 이때 흥선 대원군은 명성 황후가 자신의 정치적 활동에 걸림돌이 될 줄은 몰랐을 거예요.

정권에 불만이 많은 백성들의 소란을 잠재우려고 한 일이지만 명성 황후가 다시 권력을 잡지 못하게 하기 위한 의도가 숨어 있었어요. 또한 명성 황후의 오빠인 민승호가 집에 배달된 상자를 열자 폭발물이 터져 숨지는 사건이 있었어요. 범인이 누구인지는 몰라도 명성 황후가 누구를 의심했을지는 불보듯 뻔한 일이었지요.

이처럼 이 둘이 서로 대립하게 된 데에는 정치적 이유 말고도 또 다른 이유가 있어요. 명성 황후가 어렵게 왕자를 낳았는데, 왕자는 날 때부터 항문이 막혀 있었어요. 명성 황후는 수술해서 살리려 했지만 흥선 대원군은 왕세자의 몸에 칼을 댈 수 없다며 반대했어요. 그리고 나서 흥선 대원군이 귀하다는 산삼을 구해 어린 손자에게 먹였는데, 그만 죽고 말았지요. 이 사건을 두고 명성 황후는 흥선 대원군 때문에 아들이 죽었다며 원망했답니다.

▶▶ 유물전시관을 돌아보아요

운현궁을 모두 돌아보았나요? 그럼 운현궁에서 발견된 여러 가지 유물을 모아 놓은 전시장으로 들어가 보아요.

상량문
빨간 비단에 금박 가루로 적혀 있어요. 집을 새로 짓거나 고친 이유, 공사한 기간 등을 적은 글이에요. 대들보 속에 넣어 놓았다가 나중에 다시 공사를 할 때 볼 수 있도록 했어요.

유물 전시관 내부

정이품 대부송
경백비의 주인공인 소나무를 모형으로 만들어 놓았어요.

교지
왕의 명령을 적은 글을 말해요. 이 교지에는 운현궁에 땅과 돈을 하사하라는 고종의 분부가 적혀 있어요.

또한 명성 황후와 흥선 대원군의 관계를 고종과 연관지어 말하기도 한답니다. 고종은 열두 살이라는 어린 나이에 왕위에 올랐지요. 사실 정치를 펴기 위해서는 누군가의 도움이 필요한 나이였어요. 하지만 스무 살이 넘어서도 정치를 맡기지 않으려는 아버지 흥선 대원군을 보면서 원망이 쌓여만 갔지요. 그렇다고 고종이 아버지에게 함부로 대들 수도 없는 노릇이었고요. 이때 고종 대신 대원군과 맞선 사람이 바로 명성 황후였어요. 결국 일본에게 비참한 최후를 맞기는 했지만 명성 황후는 이전의 왕비들과는 달리 나랏일에 적극적으로 관여한 활동적인 인물이었지요.

이처럼 흥선 대원군과 명성 황후는 역사의 소용돌이 속에서 대립할 수밖에 없었던 숙명의 라이벌이었답니다.

흥선 대원군 초상화
(서울역사박물관 소장)

여기서
잠깐!

노락당과 노안당 계단 수를 세어보세요.

부대부인이 사용한 안채인 노락당과 흥선 대원군의 사랑채인 노안당의 계단 수는 달라요. 각각 몇 개인가요? 비교해 보세요.

노락당
2단의 디딤돌로 된 계단이 3줄이 마련되어 있어요.

노안당
3단의 디딤돌로 된 계단이 3줄이 설치되어 있어요.

( )개　　　　　　( )개　　☞ 정답은 56쪽에

흥선 대원군은 왜 외국에 문을 열지 않았을까?

"서양 오랑캐가 쳐들어왔을 때 싸우지 않으면 화친하는 것이요, 화친을 주장하는 것은 나라를 파는 일이다."

강화도에서 미국 군함을 물리치고 난 뒤 흥선 대원군이 전국에 세운 척화비에 적혀 있는 구절이에요.

당시에 서구의 강한 나라들은 아시아 지역으로 진출해서 각 물품을 서로 사고 팔기를 요구하고 있었어요. 물론 조선에도 문을 두드렸지요. 이는 공업 제품을 수출하고 싼 값에 원료를 수입하기 위함이었어요. 이것을 통상 수교라고 하지요. 이를 두고 조선의 조정에서는 외국과 교류해서 새로운 문물을 받아들여야 한다는 개화파와 그에 반대하는 위정 척사파가 대립하고 있었지요. 그러한 상황에서 대원군이 통상 수교 거부 정책을 선택한 이유는 무엇이었을까요?

통상 수교 거부 정책? 쇄국 정책?

흥선 대원군의 대외 정책을 '쇄국 정책' 또는 '통상 수교 거부 정책'이라고 해요. 어떤 차이가 있을까요? 우선 '쇄국'이라는 말에는 '문을 여는 것이 당연한데, 열지 않았다.'는 부정적인 느낌이 담겨 있어요. 바로 서양 사람의 입장에서 본 거예요. 이 말은 대원군의 외교 정책에 대해 생각할 겨를도 없이 '나쁘다'는 인상을 갖게 만들어요. 반면에 '통상 수교 거부'라고 하면, 당시 조선의 입장에서 외국과 벌이는 무역을 거부했다는 것을 의미한답니다.

우선은 서양에 대한 위기 의식이었어요. 모양이 이상하게 생긴 배들이 서울과 가까운 강화도 주변에 나타났다는 것도 다소 불안했는데, 세상의 중심이라고 믿던 청나라가 아편전쟁*에서 영국군에게 패했다는 소식은 조선 정부에게 그야말로 충격이었지요. 게다가 서양 선교사들이 퍼뜨리고 있는 천주교는 인간은 누구나 평등하다고 가르쳤거든요. 백성들에게는 귀가 솔깃한 이야기였지만, 대원군과 같은 지배층 입장에서는 신분제 사회인 조선의 기본을 흔드

*아편전쟁 : 아편 문제로 청나라와 영국 사이에 일어난 전쟁이에요.

는 일이었지요. 또한 흥선 대원군은 서양 세력들이 요구하는 대로 장사를 하면 아직 공업이 발달하지 않은 조선의 경제가 어려워진다는 생각을 갖고 있었어요. 그래서 서양을 배척한 것이지요.

또 한편으로는 흥선 대원군 자신을 지키려는 의지가 담겨 있었어요. 애초에 흥선 대원군은 천주교에 대해 호의적이었답니다. 얼지 않는 항구를 찾아서 남쪽으로 내려오려는 러시아를 막기 위해 조선에 들어와 있는 프랑스 선교사를 통해 프랑스의 힘을 빌리려고도 했어요. 그러나 교섭이 뜻대로 되지 않았고, 흥선 대원군이 천주교와 접촉하고 있다는 소문만 돌고 말았지요.

흥선 대원군은 이미 개혁 정책들로 인해 양반들의 반발을 사고 있었는데, 천주교와 흥선 대원군이 연결되어 있다는 사실은 더더욱 양반들과 멀어지게 하는 것이었지요. 그래서 흥선 대원군은 천주교 신자들을 박해하고 프랑스 선교사들을 처형했어요. 그리고 뒤이어 들어온 프랑스 군대, 미국 군대와도 싸워서 자신을 반대하는 세력들의 불만을 나라 밖으로 돌리려고 했던 것이에요.

흥선 대원군의 이러한 정책은 서양의 침략 의도를 파악하고 당당하게 맞선 것일까요? 아니면 조선의 발전을 그만큼 늦어지게 한 것일까요? 한번 생각해 볼 일이에요.

서양 문물을 받아들이는 것은 나라의 힘이 강해진 다음에 해도 늦지 않을 것이오.

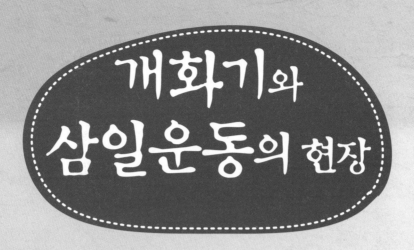

개화기와 삼일운동의 현장

1876년 강화도 조약 즈음부터 외국과 무역을 하고 새로운 문물을 받아들이던 시기를 '개화기'라고 해요. 주로 청이나 일본하고 제한된 무역만 하던 터라 외국 문물이 거의 들어오지 않았는데, 개화기 이후로 조선에 서양 사람들과 서양 물건들이 마구 쏟아져 들어왔어요. 이와 함께 조선의 정치 제도, 경제 상황, 거리 풍경, 생활 모습 등 많은 것이 달라졌답니다.

그 당시 조선은 이웃 강대국들에게 좌지우지되면서 몹시도 혼란스러웠고, 백성들은 각종 개혁 정치로 인해 늘어난 세금 때문에 힘들어 했어요. 한편에서는 신기한 구경거리가 사람들의 호기심을 자극했어요. 성냥, 램프, 비누 등이 처음 소개되었고, 우리와 다르게 생긴 외국인을 구경하는 재미도 있었어요.

이렇게 개화기는 여러 가지 얼굴을 가지고 있는 시절이었답니다. 지금부터 인사동에 남아 있는 흔적들을 따라가면서 개화기의 여러 모습들을 하나둘 찾아보아요.

나라의 문을 열다

흥선 대원군이 정치에서 물러나자 이제 고종이 정치를 이끌게 되었어요. 하지만 이번에는 민씨 세력에게 주도권을 내주고 말지요. 이미 명성 황후의 친정붙이인 민씨들이 정치에 참여하고 있었거든요. 민씨 정권은 흥선 대원군과는 반대로 외국과 적극적으로 교류를 해야 한다고 주장했어요. 빨리 서양의 새로운 기술을 받아들여 힘을 키워야 한다고 생각했던 것이지요.

흥선 대원군이 정치에서 물러난 지 2년 뒤인 1875년, 운요호라는 배를 앞세워 강화도에 들어온 일본과 조선 정부가 충돌하는 사건이 일어나요. 이를 계기로 조선 정부는 1876년 일본과 강화도 조약을 맺고 본격적인 무역을 하게 되지요. 그리고 1882년에는 미국과 '조미 수호 통상 조약'을 맺어요. 이미 청나라나 일본과 무역을 하고 있

왜 문을 열라고 했을까?

조선 후기에 일본, 프랑스와 같은 나라들이 조선과 무역을 하려고 무척 애를 썼어요. 왜일까요? 거기에는 제 나라의 이익을 챙기려는 의도가 있었어요. 겉으로는 국제간 무역을 넓힌다는 명목이었지만 사실은 자기 나라의 물건을 많이 팔고, 싼 값에 원료를 수입해 가기 위해서였어요. 그 당시 유럽에서는 산업 혁명이 일어나 물건을 아주 많이 만들어 낼 수 있었어요. 그런데 그런 제품을 자기 나라 안에서 다 팔 수 없었어요. 그래서 주변의 약한 나라로 눈을 돌리게 된 거예요. 조선을 비롯한 아시아와 아프리카, 남아메리카 등으로 말이에요.

사람들이 즐겨 마시는 커피도 이 무렵 서양 선교사들이 우리 나라로 가지고 들어온 것이오. 나 고종도 식사 후에는 꼭 커피를 한 잔씩 마셨다오.

었는데, 새삼 무슨 조약이냐고요? 전에는 정부의 허가를 받고 제한적인 무역을 하다가 이제는 좀더 자유롭게 장사를 하게 된 것이지요. 그 이후 조선 정부는 영국, 독일, 이탈리아, 러시아 등과 조약을 맺고 무역을 하기 시작했어요.

외국과 교류하면서 조선은 나라 차원에서 서양 문물을 적극적으로 받아들이기 위해 애썼어요. 그 동안은 서양 문물을 받아들이지 않아서 시대에 뒤처졌다고 생각했기 때문이지요. 마침내 정부는 젊은이들을 영선사, 조사 시찰단, 신사유람단이라는 이름으로 여러 나라에 보내 새 문물을 배워 오게 했어요.

외국에 문호를 개방해야 한다고 생각한 개화파 중에는 일본을 우리보다 한 발 앞선 나라로 생각하는 사람들도 있었어요. 일본도 1850년에 미국과 무역을 할 때 미국의 강압에 못 이겨 항구의 문을 열게 되었지요. 비록 강제로 문을 열기는 했지만 그 사이 일본은 발전해 조선에 개항을 강요할 정도로 나라의 힘이 커졌거든요.

개화기의 수출품목

우리와 처음으로 무역을 한 나라는 일본이었어요. 대상 물품은 쌀과 면제품이었지요. 우리는 주로 쌀을 수출했고, 면제품을 수입했어요. 그런데 쌀을 수출하고 나자, 정작 국내에서는 쌀이 부족해 쌀값이 오르는 현상이 나타났어요. 또 기계로 만든 값싼 면직물이 수입되는 바람에 국내에서 면직물을 만들어 팔던 상인들은 어려움을 겪게 되었지요.

🏯 **강화도 조약**
조선과 일본 사이에 체결된 수호조약이에요. 군사력을 동원한 일본이 강제로 맺은 불평등 조약이에요.

새로운 생활용품도 많이 들어왔어요. 양은냄비, 양동이, 양말, 양복 등 이름 앞에 '양'자가 붙어 있는 것들은 모두 이때 들어온 서양의 물건들이에요. 특히 쓰개치마 대용으로 쓰인 양산은 여성들에게 매우 인기 있었답니다.

와, 양산 쓰고 가네.

허, 신기한 물건일세. 이보게! 사진에 찍히면 혼이 빠져나간다고 하니 얼른 도망가야해.

우리에게 월급을 달라!

외국에 나라의 문을 열자 정부는 서둘러 개혁을 시도했어요. 그 중 하나가 군대를 튼튼히 하는 것이었어요. 정부는 별기군*이라는 군대를 만들어 제복도 새로 지급하고, 월급도 더 주고, 훈련도 특별히 일본 교관에게 받도록 했답니다.

그런데 여기서 문제가 터졌어요. 정부가 신식 군대인 별기군에게는 좋은 조건으로 대우해 주면서, 구식 군인에게는 일 년 넘게 월급도 제대로 주지 않았던 거예요. 1882년 임오년 6월에야 겨우 월급으로 쌀을 주었지요. 13개월 만의 일이었어요. 그런데 그 속에 모래와 쌀겨(껍질)가 절반 이상 섞여 있었지요.

이에 화가 난 구식 군인들은 월급으로 줄 쌀을 보관하는 선혜청 창고를 부수는 소동을 일으키고, 급기야 담당 벼슬아치와 일본인 교관을 죽이고 일본 공사관을 습격했어요. 이때 서울 시민의 절반이나 참여했어요. 구식 군대의 군인들

과 그 가족들, 또 개항 이후에 생활이 어려워진 시민들까지 합세했거든요. 나라의 발전을 위해 새로운 문물을 받아들이기는 했지만 백성들의 생활은 전혀 나아지지 않았답니다.

　이렇게 군란이 커지자 고종은 정권에서 물러나 있던 흥선 대원군을 다시 불러들였어요. 성난 군중들이 두려워 명성 황후는 고향 언저리로 도망을 갔지요. 궁궐에 있다가는 잡혀 죽기 십상이었거든요. 군인들은 별기군을 만든 주범이 민씨 세력, 더욱이 명성 황후라고 생각했던 거예요. 사정이 이러니 민씨 정권이 사태를 해결하기는 어려웠답니다. 이 소란을 '임오군란' 이라 불러요.

　결국 흥선 대원군이 임오군란을 해결하기 위해 다시 권력을 잡게 되었어요. 하지만 흥선 대원군

신식 군대 별기군의 모습

이 정치를 한 건 불과 몇 개월이었답니다. 민씨 세력이 이미 청나라에 소란을 진압할 군대를 요청해 놓았고, 이에 청나라 군대가 출동해 흥선 대원군을 군란의 책임자라면서 납치해 버렸거든요. 청나라 쪽에서는 외국 세력을 싫어하는 흥선 대원군이 있으면 조선의 정치에 간섭할 수 없다고 생각했지요.

　흥선 대원군은 이때부터 4년 동안 청나라에 갇혀 지내게 되었답니다. 결국 임오군란을 해결한 것은 흥선 대원군도, 민씨 정권도 아닌 청나라였어요. 민씨 세력 입장에서는 청나라 덕분에 다시 정치를 할 수 있었던 셈이었어요. 이 일로 흥선 대원군을 중심으로 한 통상 수교 거부 정책을 유지해야 한다는 보수파와 민씨 일가를 중심으로 한 나라의 문을 열어야 한다는 개화파의 갈등은 더욱 심해졌답니다.

* 별기군 : 개화 정책을 추진하면서 만든 신식 군대 이름이에요. 중앙의 5군영 중에서 특별히 80명을 뽑아 만들었어요. 왜별기라고도 해요.

3일 천하로 끝나다

여기예요

자, 이제 본격적으로 개화기 현장을 돌아보아요. 운현궁에서 광화문 쪽으로 가다가 인사동을 지나 횡단보도를 건너면 철울타리 안에 옛 건물이 나와요. 바로 체신박물관이지요. 이 건물에서는 개화파의 온건 세력과 급진 세력 간의 갈등이 빚어낸 사건이 일어나지요. 어떤 사건인지 알아볼까요?

청나라가 임오군란을 진압한 뒤 다시 정권을 잡은 민씨 세력은 청나라의 눈치를 보는 신세가 되었어요. 그러니 개화 정책도 소극적으로 진행될 수밖에 없었지요. 이들이 온건 개화파예요.

그러자 이렇게 청나라의 눈치를 보는 정책에 대해 불만을 갖는 사람들이 생겨났어요. 바로 급진 개화파예요. 김옥균, 박영효, 홍영식 같은 사람들이었지요. 이들은 민씨 세력을 청의 지시에 따르는 '**사대 수구**당'이라고 부르면서 좀더 적극적인 개화 정책을 펼쳐야 한다고 주장했어요.

특히 외국의 과학 기술만 받아들일 것이 아니라 정치 제도도 바꿔야 한다고 생각했어요. 일본처럼 왕도 헌법을 따르는 입헌 군주제로 말이지요.

급진 개화파들은 일본에서 자금을 빌려 더욱 적극적으로 개화 정책을 펴고자 했어요. 하지만 계획은 실패하고 말지요. 이로 인해 입장이 불리해진 급진 개화파는 우정국(우체국) 개국 축하연을 틈타 **정변**을 일으키고 민씨 중심의 온건 개화파를 제거해 버렸어요. 순식간에 권력을 잡은 이들은 신분제 폐지와 입헌 군주제 실시 등의 내용

우리 나라 최초의 서양식 병원

갑신정변이 일어나는 자리에 있었던 서양인 선교사 알렌은 칼을 맞은 민영익의 상처를 치료해 주었답니다. 민영익이 무사히 목숨을 구하고 건강해지자, 고종은 서양 의학에 대한 믿음을 가지게 되었어요. 덕분에 최초의 서양식 병원 광혜원이 세워졌지요. 현재의 세브란스 병원의 뿌리가 바로 광혜원이에요.

사대
약자가 강자에게 복종하고 섬기는 것을 말해요.

수구
옛 제도나 풍습을 그대로 지키고 따르는 것을 말해요.

정변
비합법적으로 생긴 정치상의 큰 변화를 말해요.

이 담긴 개혁안을 발표하지요. 바로 갑신정변이었어요.

하지만 정변은 3일 만에 청나라 군대의 진압으로 끝나고 말아요. 급진 개화파를 돕기로 약속했던 일본이 등을 돌렸고, 또 백성들의 지지도 전혀 얻지 못했거든요. 백성들은 오히려 일본과 손잡고 있던 급진 개화파를 역적이라고 여겼어요. 온건 개화파는 급진 개화파에게 죽거나 다쳤고, 급진 개화파는 결국 반란죄로 사형당하거나 외국으로 피신해 버렸어요. 이제 조선에서 한동안 새로운 개혁 세력이 등장하지 못하게 되는 안타까운 순간이었지요.

체신기념관
갑신정변이 일어났던 현장이에요. 우리 나라 최초의 우체국 본부이기도 하지요.

여기서 잠깐! 누구의 집일까요?

오른쪽 사진에 나오는 경인미술관은 갑신정변의 주도자 중 한 사람인 OOO가 살던 집 자리예요. 지금은 찻집과 전시관으로 사용되고 있지요. 원래 있던 집은 현재 남산골 한옥마을로 옮겨 놓았어요. 그 집에 살던 사람은 누구일까요?

( )

힌트 우리 나라 최초의 세계 여행기를 쓴 사람이에요. 110일 동안 세계일주를 하고, 〈해천추범〉이라는 여행기를 남겼지요. 또 태극기를 만든 주인공이기도 해요. 태극기는 임오군란이 일어난 뒤 일본이 본 피해에 대해 배상금 문제를 논의하러 일본으로 가는 배 안에서 구상했지요.

경인미술관

정답은 56쪽에

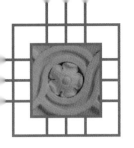

농민들이 동학으로 뭉치다

운현궁 맞은편에는 빨간 벽돌 건물이 있어요. 바로 천도교(동학)의 예배당이에요. 이 건물에는 개화기에도 살기 힘들었던 농민의 염원이 담겨 있답니다. 개화기의 농민들은 어지러운 국내외 정치 상황 속에서 생활이 점점 더 어려워지자 새로 기댈 곳을 찾았답니다. 이때 **동학**이 농민들의 마음을 사로잡았어요. '사람이 곧 하늘이므로 인간은 누구나 평등하다.'는 '인내천' 사상이 농민들의 마음을 끌었던 거예요. 동학은 농촌 사회를 중심으로 조용히, 널리 퍼져나갔어요.

농민들의 불만은 쌓이고 쌓여 마침내 1894년 1월, 고부에서 폭발하고 말았어요. 많은 뇌물을 바치고 고부 군수가 된 조병갑은 백성들에게 세금을 마구잡이로 거둬들이며 자신의 이익을 챙기려고 했어요. 온갖 세금을 거두어들인 것도 모자라 조병갑은 백성을 동원해 임금도 주지 않고 저수지를 만들고는 저수지의 물에 세금을 붙였지요. 견디다 못한 농민들은 고부 관아로 달려가 조병갑을 쫓아내고 창고의 쌀을 꺼내 농민들에게 나누어 주었답니다. 게다가 중앙에 파견된 조사단이 사건을 처리하는 과정에서 고부 군수의 편만 들자 농민들의 불만

동학
1860년 최제우가 만든 종교로 인내천을 주장했어요. 두 번째 지도자는 최시형이에요. 1906년에 손병희가 이름을 천도교로 바꾸었어요.

천도교 대교당
1921년에 완성된 이곳 대교당은 원래 현재보다 3배 정도 크게 설계했지만 일본이 건물 내에 기둥이 없어 위험하다며 지금의 규모로 허가해 주었답니다.

은 더욱 커져갔어요.

그래서 전봉준, 손화중, 김개남 등이 모여 동학 농민군을 만들었어요. 동학을 믿는 사람뿐 아니라 여느 농민들도 참여했어요. 농민군은 처음 황토현 전투에서 관군과 맞서 큰 승리를 거두고 전주성을 점령했어요. 다급해진 정부는 청나라에 도움을 요청했어요. 청나라 군대가 지원군으로 나서자, 이를 빌미로 조선의 정치를 간섭할 틈만 노리던 일본도 가세했어요. 마침내 두 나라는 조선에 대한 주도권을 가지고 싸움을 벌였어요. 청일전쟁이 벌어진 거예요. 이래서는 조선이 남의 손에 넘어가겠다 싶은 생각이 든 농민들은 정부와 휴전하기로 했어요. 이에 정부는 농민들의 요구인 신분제 폐지, 조세 제도 개혁 등을 들어주기로 했지요. 이렇게 농민 운동은 일단 마무리되었어요. 하지만 이 과정에서 청나라와 일본이 조선 땅에서 전쟁을 일으키고, 여기에서 승리한 일본군은 물러가지 않고 조선에 군대를 주둔시키고야 말았어요.

어린이운동 발상지 탑

천도교 대교당 입구에 있어요. 천도교 3대 교주로 독립 운동에 앞장선 손병희 선생의 사위인 소파 방정환 선생의 자취가 담긴 탑이에요. '어른이 어린이를 내리누르지 말자!'로 시작하는 글이 새겨져 있어요.

여기서 잠깐!

숨은그림찾기를 해보세요.

천도교 대교당 내부의 특징은 기둥이 없다는 거예요.
건물 안과 밖에서 우리 민족을 상징하는 박달나무와 무궁화 꽃 모양 장식을 찾아보고, 어디에 있는지 다음 괄호 안에 알맞은 말을 골라 보아요.

무궁화 모양 장식은
(   )에 있어요.

박달나무 꽃 모양 장식은
(   )에 있어요.

보기   ①대교당 건물 천장   ②대교당 건물 외벽

☞ 정답은 56쪽에

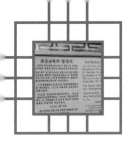

세상이 바뀌었네

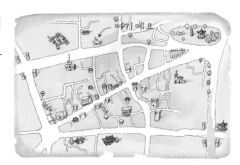

청일전쟁과 농민군과의 전투에서 승리한 일본은 조선에 영향력을 행사하기 시작했어요. 일본은 이 과정에서 농민들이 다시 들고일어나지 않도록 농민의 요구를 들어주어야 한다고 생각했어요. 이렇게 진행된 것이 갑오개혁이에요. 하지만 속내는 자신들의 침략을 유리하도록 하기 위한 것이었지요.

교동초등학교
최초로 나라에서 세운 초등학교예요. 1894년에 교동 왕실학교로 문을 열었다가 1906년에 관립 교동소학교로 이름이 바뀌었어요. 100년도 넘는 역사를 가진 학교예요.

갑오개혁은 일본의 간섭 아래 추진된 것이기는 했지만 우리가 근대 국가로 발돋움하는 계기이기도 했지요. 가장 눈에 띄는 변화는 법적으로 신분 제도가 없어진 거예요. 갑오개혁으로 신분 제도가 사라지면서 중인 계층은 문화 분야에서 활발한 활동을 벌여요. 조선 왕조의 마지막 화가로 불리

는 오원 장승업도 이 시기에 자신의 예술혼을 불살랐지요. 그밖에 상민 출신들의 사회 진출도 활발해졌어요. 그뿐만 아니라 공정하게 결정을 하기 위한 재판소가 생기고, 부정으로 치러지고 있는 과거 제도도 없앴어요.

고종은 갑오개혁이 있은 뒤 나라가 부강해지기 위해서는 무엇보다도 교육에 힘써야 한다고 생각했어요. 그래서 전국적으로 학교를 세우도록 했지요. 이때 세워진 최초의 관립 교동소학교가 지금의 교동초등학교랍니다. 물론 교동소학교 이전에도 신식 학교는 많이 있었어요. 이화학당, 배재학당처럼 선교사들이 세운 학교도 있었고, 정부가 인재 양성을 위해 세운 외국어 학교도 있었답니다. 하지만 신분에 관계없이 누구나 입학을 허가한 학교는 교동소학교가 처음이었어요. 교육은 더 이상 지배층만이 누리던 특권은 아니었던 것이지요.

운현궁을 나와 종로 쪽으로 조금 걷다 보면 왼쪽으로 교동초등학교가 있어요. 학교 안으로 들어가서 당시의 상황을 그려보며 관련 기념물을 찾아보아요.

처음에는 초등학교가 아니었다고?

초등교육 기관을 처음에는 '소학교'라 불렀어요. 하지만 일제 강점기가 시작되면서 보통학교로 불렸지요. 그러다가 1941년에는 황국신민의 학교라는 의미로 국민학교로 바꾸어 불리게 되었어요. 나라를 되찾은 이후에도 국민학교로 계속 불리다가 1996년에야 민족의 정기를 회복한다는 차원에서 지금처럼 초등 학교로 부르게 되었답니다.

여기서 잠깐!

빈 칸을 채워 보세요.

교동초등학교 교문을 지나 들어가면 오른쪽으로 탑과 안내판이 보여요. 교동초등학교로 들어가서 잠시 쉬며 글귀를 읽어보고 다음 괄호 안에 알맞은 말을 골라 보아요.

이곳은 우리 나라 초등 교육이 처음으로 시작된 유서 깊은 배움의 전당인 (   )이다. 조선 개국 503년(1894년, 고종31년) 9월 18일에 신교육을 위하여 (   )로 개교하였으며 이어 고종 32년 한성사범학교가 설립되어 한성사범부속소학교로 지정되었다. 그 후 한일합방(1910년)으로 「교동공립보통학교」로 개칭되었고, 1927년 대화재 후 현재 건물이 개축되었다. 1938년 「경성교동공립심상소학교」, 1941년 「경성교동공립국민학교」, 1950년 「서울교동국민학교」로 개칭되었으며 오늘에 이르러 3만명에 달하는 졸업생을 배출하였다.

보기   ① 관립교동소학교   ② 서울교동초등학교

정답은 56쪽에

39

이 날을 목놓아 통곡하노라

일본은 갑오개혁을 추진하면서 조선에서 주도권을 잡았어요. 그러나 조선이 제 뜻대로 되지 않자 일본은 명성 황후를 시해했어요. 신변에 위협을 느낀 고종은 러시아 공사관으로 피신했고, 고종을 보호한다는 명목으로 러시아의 영향력이 커졌어요.

1897년 이런 상황을 넘기기 위해 고종은 조선을 대한제국이라 고치고, 자주국가임을 선포했어요. 하지만 대한제국은 그리 오래 지속되지 못했어요. 러시아와 일본이 서로 견제하는 상황이 계속되다가 일본이 영국과 손을 잡고 러일전쟁에서 승리하자, 대한제국은 완전히 일본으로 넘어갔지요.

결국 1905년 일본은 오적을 내세워서 대한제국의 외교권을 박탈하는 을사조약을 맺었어요. 그 뒤 군대를 해산시키더니 고종을 강제로 물러나게 하고 순종을 새 황제로 앉혔답니다. 그 뒤 일본은 대한제국의 힘을 하나하나 빼앗아갔지요.

을사오적
을사조약을 체결하도록 강요한 일본인은 이토 히로부미예요. 이때 히로부미를 도와 체결을 이끈 사람들이 있었는데, 나라의 주권을 남의 나라에 팔아먹었다고 하여 '매국노'라 부르지요. 이들은 이완용, 박제순, 권중현, 이지용, 이근택 등인데, 5명을 일컬어 을사오적이라고 한답니다.

삼일독립선언유적지

삼일독립선언유적지 푯돌
을사조약 때 나라를 팔아먹은 대신들이 모여 일을 꾸몄던 곳인 이완용의 집터였어요. 삼일운동 때는 여기서 독립 선언식이 거행되었어요.

이 조약의 체결 소식에 대한 기사가 1905년 11월 20일자의 황성신문에 실리면서 전국에 알려졌어요. 이 소식에 전국 각지에서는 조약 거부와 일본에 대한 반대 운동이 일어났지요. 특히 민영환을 비롯한 대한제국 관리들은 고종에게 을사조약을 반대하는 상소를 올렸어요. 하지만 아무런 소용이 없자 민영환이 죽음으로 일본에

항거했어요.

인사동에 가면 민영환이 을사조약 뒤 나라의 비운을 통감해 자결한 터가 나온답니다. 인사동 사거리에서 조계사 쪽으로 난 길에 서 있는 한미빌딩 앞이에요. 이곳에 서 있는 기념물에 쓰여진 민영환의 유언을 읽어보세요.

"나는 죽어도 죽지 않고, 저승에서라도 여러분을 도울 것이오!"
민영환

을사조약과 뒤를 이은 일본의 강제 점령 (1910년) 이후 우리 나라 사람들은 겉으로 드러나는 아무런 활동도 할 수 없었어요. 일본의 무단 통치에 눌려 가만히 있어야 했지요. 그러나 그것은 겉모습일 뿐이었어요. 속으로는 일본의 지배에서 벗어나기 위한 준비가 끊이지 않았지요. 그런 움직임이 순식간에 폭발한 사건이 바로 삼일운동이에요. 그럼 대한민국 독립운동의 큰 물줄기를 만든 삼일운동의 흔적들을 찾아서 떠나 볼까요?

여기서 잠깐!

빈 칸 을 채 워 보 세 요 .

민영환 자결터에 도착했나요? 한옥 문 모양의 철 구조물에 '충정공 민영환 어른께서 자결하신 터' 라고 쓰인 글귀가 보이고, 그 아래쪽을 보면 민영환이 자결하면서 남긴 유언의 글이 있어요. 이 동판에 새겨진 글귀를 읽어보고 다음 괄호 안에 알맞은 말을 골라 보아요.

민영환 자결터 기념물

"아아 나라와 겨레의 (   )이 이에 이르러 장차 생존 경쟁에서 다 죽으오리. 무릇 살고자 하면 죽고 죽으려 하면 살게 되나니 여러분은 어찌 이를 모르리오. 영환은 한갓 죽음으로써 황은에 보답하옵고 우리 이천만 동포 형제께 사죄하오. (   )은 죽어도 죽지 않고 구천 아래에서 여러분을 돕도록 하오리. 다행히 우리 동포 형제 이천만이 곱절이나 더 분발하여 뜻을 굳게 하고 학문에 힘쓰며 일치단결하여 온갖 힘을 내어 (   )을 되찾게 되면 죽은 이몸이 저승에 가서도 기뻐 웃사오리. 아아 조금도 실망 마시오. 대한제국 (   ) 동포에게 마지막 말씀 드리오."

| 보기 | ①이천만 | ②영환 | ③자유 독립 | ④치욕 |

정답은 56쪽에

41

종교인과 학생들이 나서다

1919년은 삼일운동의 큰 물결이 일어난 해예요. 그 흔적을 찾아볼 수 있는 곳이 바로 탑골공원이랍니다. 지금은 많은 사람들과 비둘기 떼로 붐비는 복잡한 공원이라고 생각하겠지만 1919년에는 독립을 향한 의지가 불타올랐던 역사적인 장소지요.

삼일운동은 처음에는 종교인들과 학생들을 중심으로 일어났어요. 일본이 '언론, 출판, 집회, 결사의 자유'를 금지했기 때문에 그나마 모일 수 있는 곳이 학교나 종교 모임뿐이었거든요. 자연히 종교 지도자들과 학생들이 독립 운동에 나서게 되었지요.

처음에는 학생과 종교인이 따로 준비를 하다가 서로 힘을 합치게 되었어요. 종교인들은 민족대표 33명을 구성했는데, 천도교를 중심으로 기독교, 불교의 지도자들도 모였지요. 그 중 천도교의 의암

결사
모임이나 조직을 만드는 것을 뜻해요.

보성사 터 세움말
1993년 삼일운동 80주년을 맞아 세운 기념물로, '독립선언서'와 '조선독립신문'을 인쇄했던 옛 보성사 터에 세웠어요.

삼일운동 기념비
승동교회 마당 한쪽에 있는 푯돌이에요.

승동교회
3월 1일 만세 시위를 벌이기 위해 학생 대표들이 모의하던 곳이에요. 승동교회 건물의 빨간 벽돌 부분은 당시의 건물이고, 앞의 흰 건물은 1950년대에 새로 지은 부분이랍니다.

손병희 선생이 대표를 맡았답니다.

준비는 비밀리에 진행되었어요. 만세를 부를 날짜도 정했지요. 3월 1일, 고종의 장례식이 열리기 바로 이틀 전이었어요. 당시 일본이 고종의 암살을 꾸몄다는 소문도 돌고 있어 많은 사람들의 감정이 한층 고조되어 있었어요. 게다가 옛날부터 왕의 장례식에는 지방에서도 많은 사람이 올라오기 때문에 시기를 이때로 정한 것이랍니다.

이제 사람들에게 나눠 줄 독립선언서를 인쇄해야 했어요. 마침 민족 대표 중 한 사람인 이종일이 천도교에서 경영하는 인쇄소인 보성사를 운영하고 있었어요. 덕분에 비밀리에 인쇄 작업을 할 수 있었지요.

보성사는 지금의 조계사 법당 자리에 있었어요. 조계사를 둘러본 뒤 조계사 뒤쪽 '수송공원'에는 이런 사실을 기념하는 조각이 있으니 찾아서 감상해 보아요.

간신히 위기를 넘겨 인쇄한 독립선언서

하마터면 독립 선언서는 세상에 나오지도 못하고 독립 만세도 물거품이 될 뻔했어요. 보성사에서 독립 선언서를 인쇄하는 장면을 경찰에게 들켜 버렸거든요. 정보를 입수하고 갑자기 보성사로 들이닥친 형사는 친일 조선인 신철이었어요. 민족 대표 중 한 사람이었던 천도교의 최린 선생은 신철에게 같은 조선인으로서 비밀에 부쳐달라고 간곡하게 부탁했어요. 다행히 신철이 비밀을 지킨 덕분에 3월 1일 무사히 만세 소리가 퍼질 수 있었답니다.

조계사
일제 강점기에 지은 조계사는 도심 한복판에 있다는 점이 참 색달라요. 지금 조계사의 법당이 있는 곳은 삼일운동 선언문을 인쇄했던 인쇄소 자리랍니다.

독립선언문 배부터
천도교 대교당 벽 밑에 설치된 푯돌로, 삼일운동 거사를 위해 천도교 대표 등이 모여 독립 선언문을 나누어 주던 곳이에요.

대한 독립 만세! 만세! 만세!

마침내 3월 1일, 많은 사람들이 서울로 모여들었어요. 천도교 대교당 주변을 지나는 사람들은 뭔가를 받아서 얼른 옷 속에 감추었어요. 바로 그날 낭독할 독립 선언서였지요. 조심조심 일본 헌병의 눈을 피해 가며 점점 많은 사람들에게 뿌려졌어요.

드디어 열두 시, 하나둘 모여든 사람들로 탑골 공원은 발디딜 틈이 없었어요. 이제 "대한 독립 만세"를 외칠 때가 되었지요. 사람들은 흥분되고 두려운 마음을 억누르며 민족 대표들이 나타나기만을 기다리고 있었어요. 그런데, 민족 대표들의 생각은 달랐어요. 만세 시위로 우리의 독립 의지를 외국에 알리고 외국의 도움으로 독립을 이루려는 생각을 가지고 있었지만 사람들이 많이 모여 든 자리에서 폭력 사태라도 발생하면 일이 더 어려워질까 봐 걱정이었지요.

민족 대표는 탑골 공원으로 가려던

팔각정
학생과 시민들이 모여 만세를
불렀던 장소예요.

계획을 바꿔 손병희의 단골 음식점인 태화관에서 모였지요. 늦게 도착한 4명을 제외하고 먼저 모인 29명은 독립 선언서를 낭독했어요. 그리고 나서 지금의 중부 경찰서에 전화를 걸어 자신들이 한 일을 알렸어요. 뒤이어 온 4명과 함께 이들은 서대문 형무소에 수감되었어요.

한편, 탑골 공원에 모인 수많은 사람들은 "대한독립만세"를 외치며 쏟아져 나왔어요. 당황한 일본 경찰은 만세를 외치는 사람들을 잡아들이고 총을 쏴 사람들을 흩어지게 했어요. 이 때 많은 사람들이 죽거나 다치고 잡혀서 감옥살이를 했답니다. 하지만 독립에 대한 국민들의 의지는 꺾이지 않고 그 해 연말까지 전국 방방곡곡에서 만세 시위가 계속되었어요. 이 소식은 외국 동포들에게도 전해져 중국의 만주, 러시아의 연해주, 미국, 하와이 등지에서도 만세 소리가 울려 퍼졌답니다.

탑골 공원 오른편을 보면 1919년 3월 1일 당시의 상황을 짐작해 볼 수 있는 기념물이 있어요. 지금은 사람들로 붐비는 도심의 공원이 되었지만 약 90년 전에는 수많은 시민들의 외침 소리가 가득했던 역사적인 장소랍니다. 혹시 만세 소리가 들려오지 않는지 눈 감고 귀 기울여 봐요.

탑골이라는 이름의 유래

인사동의 '사' 자는 이곳의 지명이었던 대사동에서 따온 거예요. 이때 대사동은 우리 말로 하면 '큰절 골'이 되지요. 그럼 그 동네에 큰 절이 있었다는 이야기겠지요? 탑골 공원이 바로 큰 절이 있던 자리예요. 이곳은 원래 조선 시대 세조가 지은 원각사가 있었답니다. 원각사는 연산군 때 사라지고, 원각사 10층 석탑만 남아 있어 탑골 공원이라는 이름이 붙은 것이랍니다.

원각사10층석탑

부조

탑골 공원 오른편에 삼일운동을 재현한 부조가 있어요. 아래에 쓰인 글귀를 읽어 보면서 삼일운동의 현장을 느껴 보세요.

여기서 잠깐!

누구의 동상일까요?

탑골 공원에 들어왔나요? 그럼 주의 깊게 주변을 둘러보아요. 앗, 저기 오른쪽 사진에 보이는 동상이 서 있네요. 이 동상의 주인공은 누구일까요? (   )

힌트 이 동상의 주인공은 민족 대표 33인 중의 한 명이었어요. 천도교를 대표하는 종교계 사람이었지요.

정답은 56쪽에

격동의 역사 현장을 돌아보고

운현궁과 인사동 주변을 잘 돌아보았나요? 오늘 우리가 돌아본 곳은 매우 평화로워 보여요. 외국인들이 삼삼오오 짝을 지어 구경하는 인사동 거리, 수많은 비둘기 떼와 사람들로 붐비는 탑골 공원, 그리고 빌딩 숲 사이로 고즈넉하게 자리잡은 운현궁 등이 말이에요. 이곳들을 가만히 바라보면 역사라는 흐름 속에서 그렇게도 격동적인 사건을 겪은 곳이라고는 생각되지 않지요. 그것은 아마도 이곳들이 이제는 모습이 많이 달라진 주변 환경에 밀려 하나의 조각상이나 상징물로만 남아 있기 때문일 거예요.

그런데 이런 상징물들을 왜 그 자리에 세워 놓았을까요? 아마도 상징물이 담고 있는 역사적인 의미를 기억하라는 뜻이겠지요. 우리가 오늘 돌아본 현장과 그 곳에 남아 있는 상징물들에는 우리가 잊지 말아야 할 역사적 자취와 그 시대를 치열하게 살았던 사람들의 강인한 정신이 담겨 있거든요. 바로 그런 점들을 오늘 우리가 마음에 새기고 기억해야 하겠지요. 개화기의 혼란스럽고 어지러운 정세 속에서 목숨을 걸고 우리 나라의 주권을 지키려고 노력했던 사람들의 희생이 없었다면 지금의 우리는 이곳에 서 있지 못할 테니까요.

인사동의 변화

조선 시대

인사동에는 주로 중인들이 살았어요. 중인은 양반과 평민 사이의 신분이에요. 인사동에서 인왕산 쪽으로 보이는 윗동네는 청계천의 북쪽에 있어 '북촌'이라고 했어요. 세력 있는 양반들이 살던 곳이지요. 지금도 옛날 한옥들이 그대로 남아 있어 '북촌 한옥마을'로 불린답니다.

일제 강점기

조선 시대에 평범한 중인들이 살던 이곳은 일제 강점기가 되면서 옛날 책과 미술품들을 파는 거리가 되었어요. 북촌 마을 사람들이 갖고 있던 오래되고 귀한 물건들을 수집해 팔았어요. 이곳에서 문화재의 가치를 알던 외국 사람들은 조선의 문화재들을 싼값에 사들여 갔어요.

1950년대

'인사동' 하면 '낙원떡집'을 빼놓을 수 없을 정도로 유명하지요. 1950년대 즈음에 인사동에는 떡집이 들어섰어요. 인사동은 궁궐 가까운 곳이어서 궁궐 수라간에서 일하던 상궁들이 나와 떡집을 차리면서 유명해졌어요.

1970년대 이후

1970년대부터 인사동이 지금의 모습과 비슷하게 갖춰지기 시작했어요. 미술관과 공예품점들이 인사동의 거리에 들어서기 시작했거든요. 이로 인해 옛것과 새것이 함께하는 인사동이 완성되었답니다.

인사동 거리를 걸어 보아요 ----------

운현궁과 개화기의 자취가 남아 있는 인사동 주변의 유적을 돌아보았어요. 그럼, 이제 편안한 마음으로 인사동 거리를 걸어보아요. 종로에서 안국동까지 비스듬하게 이어져 있는 인사동 거리는 우리의 전통 문화를 한껏 느껴 볼 수 있는 곳이랍니다. 우리 조상들의 생활 모습을 보여 주는 민속 공예품들, 곳곳에서 묵 향기를 품어 내는 필방들, 그림이나 조각 등 작가들의 독특한 작품들을 만날 수 있는 화랑들이 즐비하게 늘어서 있지요. 볼거리가 많아 걷기만 해도 즐거운 거리랍니다. 단, 어른들과 함께 가는 게 좋아요. 사람들이 붐벼서 쉽게 길을 잃을 수도 있거든요.

인사동의 유래

조선 시대 말 인사동의 주소는 '한성부 관인방 대사동'이었어요. 이때 '대사동'이란 큰 절이 있던 곳을 말하지요. 그런데 일제 강점기 때 행정구역을 개편하면서 대사동의 '사' 자와 관인방의 '인' 자를 따서 '인사동'이라고 부르게 되었답니다.

북인사 마당의 물길

우리가 걸어 다니고 있는 인사동 길은 조선 시대에 작은 시내였어요. 계속 흘러서 청계천으로 들어갔지요. 지금은 물을 상징하는 모형을 만들어 물이 흐르던 길임을 기념하고 있답니다.

민가다헌

천도교 대교당 옆으로 난 문을 지나면
바로 보이는 곳에 있어요. 전통 가옥과
는 달리 화장실과 욕실이 집안에 있어
요. 서양의 주거 양식을 도입한 우리
나라 최초의 건물이랍니다.

남인사 마당의 물동이

인사동의 종로쪽 입구에 마련된 놀이마당이에요. 이곳에
서는 우리의 전통과 관련된 여러 가지 행사가 이뤄진답
니다. 이곳에 물길이 있었던 곳이라는 표시로 물동이 모
양의 상징물을 만들어 놓았어요.

나는 운현궁과 인사동 박사! -------

운현궁과 인사동 주변 역사 유적들을 둘러보며 역사의 숨결과 독립 만세의 열기를 느껴 보았나요?
운현궁과 천도교 대교동, 인사동에서 탑골공원까지 실제 본 것과 책에서 읽은 내용을 바탕으로
문제들을 풀어보며 역사의 발자취를 더듬어 보세요.

❶ 이름을 지어 보세요.

운현궁을 둘러보니, 건물마다 이름이 하나씩 지어져 있었어요. 이렇듯 옛 사람들은 자신이 사는 건물
의 이름을 지어 건물 앞에 걸었지요. 그 이름에 깃든 마음으로 살라는 뜻으로 말이에요. 여러분이 살
고 있는 집에도 의미를 담아서 근사한 이름을 지어 보세요.

❷ 순서대로 정리해 보세요.

운현궁을 둘러보면서 개화기의 많은 사건들을 이야기했지요? 순서대로 어떤 사건에 대한 설명인지
쓰면서 정리해 보세요.

◎ 군인들이 차별 대우에 항의하다.   (00 군란)
◎ 탑골공원에서 "대한 독립 만세"를 외치다.   (00 운동)
◎ 급진 개화파가 쿠데타를 일으키다.   (00 정변)
◎ 신분 제도가 없어지다.   (00 개혁)
◎ 명성 황후가 일본에게 살해당하다.   (00 사변)
◎ 일본과 근대적인 무역을 시작하다.   (000 조약)

1. 1876년 (   )을 체결해 일본과 근대적인 무역을 시작하다.

2. 1882년 (   )을 일으켜 군인들이 차별 대우에 항의하다.

3. 1884년 (   )으로 급진 개혁파가 쿠데타를 일으키다.

4. 1894년 (   )을 실시해 신분 제도가 없어지다.

5. 1895년 (   )이 벌어져 명성 황후가 사망하다.

6. 1919년 (   )이 일어나 탑골공원에서 "대한 독립 만세"를 외치다.

보기 을미, 삼일, 갑신, 임오, 갑오, 강화도

❸ 지도에 표시해 보세요.

인사동은 조선 시대에 서울의 중심부였어요. 따라서 관청이 있던 곳도 있고, 유명한 사람들이 살았던 집터도 있지요. 지금은 그 자리를 푯돌로 만들어 놓았어요. 푯돌을 지도에 표시해 보세요.

① 교동소학교 푯돌

② 태화빌딩 앞 삼일운동 발상지 푯돌

③ 독립선언문 배부터 기념 푯돌

④ 민영환 자결터 기념물

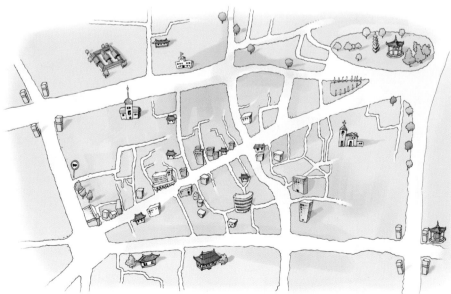

☞정답은 56쪽에

나는 운현궁과 인사동 박사!

④ 맞는 것끼리 연결해 보세요.

오늘 많은 곳을 돌아보았어요. 다리도 아프지만 역사 속의 현장을 역사 이야기를 들으며 돌아보니 당시의 상황이 쉽게 이해가 되었어요. 그럼, 오늘 어디어디를 돌아보았는지 생각해 보며 아래의 사진과 그에 대한 설명이 맞는 것끼리 연결해 보세요.

교동초등학교
우리 나라 최초로 나라에서 세운 초등 교육 기관이에요. 역사가 100년도 넘는답니다.

체신박물관
갑신정변이 일어났던 곳이에요. 우체국과 관련된 물품들이 전시되어 있답니다.

운현궁
고종이 어린 시절을 보낸 곳이에요. 고종이 왕위에 오르고 난 뒤, 흥선 대원군이 옛집을 헐어 버리고 새로 지었답니다.

탑골공원
일본에게서 국권을 되찾고자 1919년 3월 1일 삼일운동을 벌이기 시작한 곳이에요. 원각사탑이 있어요.

❺ 십자말풀이를 해 보세요.

	1	2			8				
					9	10			
3									
			4						
	5							12	
					6				
	7					11			

〈가로 열쇠〉

1. 조선 시대 날씨를 관찰하던 곳으로, 현대 본사 건물 앞에 있어요.
3. 흥선 대원군이 이것을 다시 짓는 바람에 백성들의 원성을 들었어요.
5. 우리가 답사한 거리의 이름이에요. 옛날 물건들이 많은 곳이랍니다.
6. 여름에 문을 여기에 걸어 놓고 시원하게 지낼 수 있었어요.
7. 운현궁의 노안당, 노락당으로 들어가는 문은 대문이 아주 높아 이렇게 불러요.
9. 아주 뾰족한 탑을 말해요.
11. 개화 정책을 추진하면서 만든 신식 군대 이름이에요.

〈세로 열쇠〉

2. 흥선 대원군의 집이에요.
4. 삼일운동 거사를 위해 학생 대표들이 모의하던 곳이에요.
5. 동학의 가르침으로, 사람은 곧 하늘이라는 뜻이에요.
6. 용이 올라가는 문이란 뜻으로, 관직에 올라감을 이르는 말이에요.
8. 기와 지붕 끝에 붙어 있는 양철판으로, 햇빛을 조절할 수 있어요.
10. 삼일 만세 시위를 벌인 곳으로, 이 안에는 원각사지10층석탑이 있어요.
12. 고종의 아버지로, 명성 황후와 정치적으로 대립한 인물이에요.

정답은 56쪽에

흥선 대원군에 대한 역사 재판

인사동과 그 주변을 돌며 개화기의 역사에 대해 알아보았어요. 그 시기에 가장 영향력을 가졌던 인물 중의 하나인 흥선 대원군에 대해서도 알아보았지요. 그렇다면 흥선 대원군에 대해서 다른 방법으로 생각해 보는 시간을 가져보아요. 그런 방법 중의 하나가 가상으로 해보는 역사 재판이랍니다. 역사 재판을 통해 생각하는 힘을 키울 수 있지요. 단순히 역사적 사실만을 암기하는 것이 아니라 나의 생각을 가지고 역사를 바라볼 수 있으니까요.

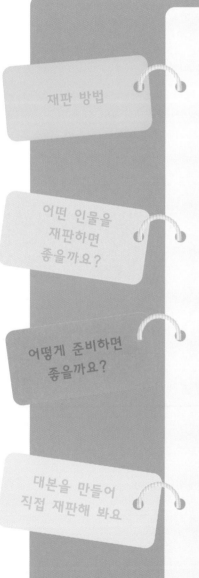

재판 방법

재판정에는 피고, 변호사, 검사, 판사, 배심원이 있어요. 피고는 재판의 대상이 되는 사람이에요. 검사는 피고의 잘못을 지적하면서 처벌을 요구하는 사람이지요. 반대로 변호사는 피고를 도와주는 사람이에요. 검사와 변호사는 재판을 하면서 자신의 의견을 주장하거나, 필요할 때 증인을 불러 이야기를 들어요. 이러한 과정이 끝난 후에 배심원들의 의견을 참고해 판사가 최종 판결을 하게 된답니다.

어떤 인물을 재판하면 좋을까요?

그 사람의 업적에 대해 찬성과 반대의 의견이 나뉘어 있는 사람 또는 사건을 선정해 역사 재판을 해 보세요. 예를 들면, 신라의 삼국 통일, 이성계의 위화도 회군, 흥선 대원군의 대외 정책 같은 것들이 있지요.

어떻게 준비하면 좋을까요?

우선 그 인물에 대해 공부한 다음 찬성하는 의견과 반대하는 의견을 정리해 보세요. 그런 후에 검사가 될지 변호사가 될지 결정하고 좀 더 자세히 조사해 보세요. 재판을 준비하는 것이기 때문에 상대방의 의견에 어떻게 대답할지도 준비해 둬야겠지요?

대본을 만들어 직접 재판해 봐요

정리한 내용을 모아 대본을 만들어 보세요. 대본을 쓸 때는 재판장의 분위기를 살려 가면서 그럴듯하게 하면 더 재미있지요. 하지만 재미만을 따르다 중요한 내용을 놓쳐 버리지 않도록 주의하세요. 검사 쪽과 변호사 쪽의 의견이 균형 있게, 조리에 맞게, 그리고 정확한 사실인지 검토해야 한답니다. 기회가 되면 친구들과 역할을 분담해 직접 재판해 보세요. 재판할 때는 상대방의 의견을 끝까지 잘 듣고 반대 의견을 말하도록 해요. 흥분해서 서로 감정 상하는 일이 없도록 조심해야 한답니다.
재판 과정에 대해 잘 모르겠으면 재판 장면이 나오는 영화를 보고 참고해도 재미있을 거예요.

흥선 대원군의 통상 수교 거부 정책

○월 ○일 법정

(웅성대는 사람들)

서기 조용히 하십시오. 지금부터 흥선 대원군의 통상 수교 거부 정책에 대한 재판을 시작하겠습니다.

재판관 검사 측 먼저 이야기하세요.

검사 흥선 대원군은 서양의 통상 요구에 문을 굳게 닫아걸어 우리의 발전을 가로막았습니다. 그 결과 일본의 지배를 받게 되었습니다. 이에 본 검사는 흥선 대원군에게 책임을 물으려 합니다.

판사 네, 계속하세요.

검사 증인 신청하겠습니다. 일본입니다.

판사 네 인정합니다. 증인 선서하세요.

일본 선서! 증인은 본 법정에서 진실만을 말할 것을 선서합니다.

판사 네, 검사 시작하세요.

검사 증인은 1858년 미국에 의해 통상한 적이 있지요?

일본 네, 그렇습니다.

검사 그때 상황이 어땠나요?

일본 굴욕적이었지만 이겨 낼 수 있을 거라고 생각했습니다.

검사 어째서죠?

일본 서양을 통해 발전된 무기와 기술을 배웠으니까요.

검사 서양의 교류가 일본에 도움이 되었습니까?

일본 네, 물론 그렇습니다.

검사 서양과의 교류로 일본이 발전했다는 말이군요?

일본 네, 그렇습니다.

검사 이상입니다.

판사 변호사 측 변론 없습니까?

변호사 있습니다. 저는 흥선 대원군의 대외 정책이 그 당시로서는 최선의 선택이었다는 말씀을 드리고 싶습니다. 그와 관련하여 증인 신청합니다.

판사 인정합니다. 증인 나와서 선서하세요.

최익현 네, 저는 본 법정에서 진실만을 말할 것을 선서합니다.

변호사 최익현 씨 직업이 뭐지요?

최익현 저는 평생 유학을 공부해 온 유생입니다.

변호사 흥선 대원군의 정책을 어떻게 생각하십니까?

최익현 저는 흥선 대원군의 통상 수교 거부 정책을 지지합니다. 함부로 문을 열어 주어서는 우리 나라에 미칠 피해가 크다고 생각합니다.

변호사 이상입니다.

판사 심문 계속하세요.

검사 피고는 호포법을 실시하고 서원을 없애었지요?

흥선 대원군 네.

검사 그것은 결국 누구를 위한 정책이었습니까?

흥선 대원군 농민들을 위한 정책이었습니다. 세도 정치 때문에 백성들 사는 게 워낙 어려워서요.

검사 그럼 경복궁을 다시 지으면서 고생을 시킨 것은 도대체 누구를 위한 것이었습니까?

변호사 재판장님! 검사는 재판과 관련 없는 사건을 예로 들고 있습니다.

검사 아닙니다. 통상 수교 거부 정책의 의도를 파악하기 위한 것뿐입니다.

판사 계속하세요.

검사 감사합니다. 자, 다시 묻겠습니다. 왜 백성들을 고생시켰습니까?

흥선 대원군 백성들이 고생한 것은

미안하게 생각합니다만 더 좋은 시간이 기다리고 있었을 것입니다. 그런데 제가 너무 일찍 물러나는 바람에…….

검사 대원군은 이미 호포법과 서원 철폐로 유생들과 사이가 멀어졌지요?

흥선 대원군 네, 그렇게 된 것 같군요.

검사 경복궁을 다시 지으면서 지지 기반이었던 농민들마저도 등을 돌렸습니다. 맞지요?

흥선 대원군 (작은 소리로) 네, 그런 것 같네요.

검사 그럼 대원군의 통상 수교 거부 정책은 양반 유생들의 의견을 따르면서 환심을 사기 위한 정책, 그리고 어수선한 사회 분위기를 다른 데로 돌리기 위한 정책이었다는 결론이 나옵니다. 이상입니다.

판사 변호사 더 할 말 있습니까?

변호사 흥선 대원군은 갑자기 외국 문물이 들어왔을 경우의 피해에 대해 너무나 잘 알고 있어 개항을 서두르지 않았던 것입니다. 백성들의 생활이 어려워진 것은 아무런 준비 없이 서둘러 문을 열어 준 탓입니다.

존경하는 재판장님, 그리고 배심원 여러분. 무엇이 진정 백성을 위한 길인지 헤아려 주시기 바랍니다.

제목

재판을 하고자 하는 주제를 제목으로 잡아요. 제목만 보고도 어떤 내용의 재판이 이어질지 알 수 있도록 말이에요.

증인 채택과 질문

재판에는 사건을 잘 아는 증인을 불러오는 것이 무엇보다도 중요해요. 증인을 부를 때는 사건에 검사나 변호사 입장에서 도움이 되는 증인으로 부르는 것이 재판 결과에 많은 영향을 주거든요.

증인을 법정에 세우면 먼저 증인 선서를 합니다. 검사나 변호사는 서로 자신에게 유리한 증언을 해줄 증인을 선택하고, 법정에 세우지요. 그러면 각각 자신의 입장에 유리한 답을 이끌어 낼 수 있도록 질문을 유도합니다. 특히 반대편에서 내세운 증인에게서도 자신이 맡은 사건을 유리하게 이끌기 위한 증언을 끌어내도록 합니다.

재판 결과

재판의 결과는 보통 판사가 재판의 과정을 지켜본 내용을 바탕으로 내리게 됩니다. 하지만 여기에서 벌인 역사 재판은 가상이므로 결론은 여러분 자신이 내리면 되지요. 역사적인 사건을 겪는다면 자신은 어떻게 했을지, 어떤 것이 옳은 판단인지 생각해 보는 것만으로도 좋은 역사 공부가 되니까요.

정답

여기서 잠깐!

14쪽 1, 2

19쪽 박쥐

23쪽 1

25쪽 6, 9

35쪽 박영효

37쪽 ①, ②

39쪽 ②, ①

41쪽 ④, ②, ③, ①

45쪽 손병희

나는 운현궁과 인사동 박사!

② 순서대로 정리해 보세요.

운현궁을 둘러보면서 개화기의 많은 사건들을 이야기했지요? 순서대로 어떤 사건에 대한 설명인지 쓰면서 정리해 보세요.

1. 강화도
2. 임오
3. 갑신
4. 갑오
5. 을미
6. 삼일

③ 지도에 표시해 보세요.

인사동은 조선 시대에 서울의 중심부였어요. 따라서 관청이 있던 곳도 있고, 유명한 사람들이 살았던 집터도 있지요. 지금은 그 자리를 팻돌로 만들어 놓았어요. 팻돌을 지도에 표시해 보세요.

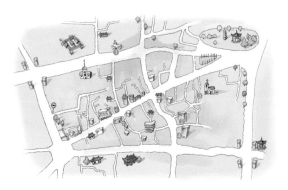

④ 맞는 것끼리 연결해 보세요.

오늘 많은 곳을 돌아보았어요. 다리도 아프지만 역사 속의 현장을 역사 이야기를 들으며 돌아보니 당시의 상황이 쉽게 이해가 되었어요. 그럼, 오늘 어디어디를 돌아보았는지 생각해 보며 아래의 사진과 그에 대한 설명이 맞는 것끼리 연결해 보세요.

교동초등학교
우리나라 최초로 나라에서 세운 초등 교육 기관이에요. 역사가 100년도 넘는답니다.

체신박물관
갑신정변이 일어났던 곳이에요. 우체국과 관련된 물품들이 전시되어 있답니다.

운현궁
고종이 어린 시절을 보낸 곳이에요. 고종이 왕위에 오르고 난 뒤, 흥선 대원군이 옛집을 헐어버리고 새로 지었답니다.

탑골공원
일본에게서 국권을 되찾고자 1919년 3월 1일 삼일운동을 벌이기 시작한 곳이에요. 원각사탑이 있어요.

⑤ 십자말풀이를 해 보세요.

		¹서	²운	관		⁸보		
			현			⁹첨	¹⁰탑	
³경	복	궁					골	
			⁴숭				공	
	⁵인	사	동			원		¹²흥
	내		교					선
	천		회		⁶등	자	쇠	대
					용			원
	⁷솟	을	대	문			¹¹별	기	군

초등학교 교과서와 관련된 학년별 현장 체험학습 추천 장소

1학년 1학기 (21곳)	1학년 2학기 (18곳)	2학년 1학기 (21곳)	2학년 2학기 (25곳)	3학년 1학기 (31곳)	3학년 2학기 (37곳)
철도박물관	농촌 체험	소방서와 경찰서	소방서와 경찰서	경희대자연사박물관	IT월드(과천정보나라)
소방서와 경찰서	광릉	서울대공원 동물원	서울대공원 동물원	광릉수목원	강원도
시민안전체험관	홍릉 산림과학관	농촌 체험	강릉단오제	국립민속박물관	경희대자연사박물관
천마산	소방서와 경찰서	천마산	천마산	국립서울과학관	광릉수목원
서울대공원 동물원	월드컵공원	남산골 한옥마을	월드컵공원	국립중앙박물관	국립경주박물관
농촌 체험	시민안전체험관	한국민속촌	남산골 한옥마을	기상청	국립고궁박물관
코엑스 아쿠아리움	서울대공원 동물원	국립서울과학관	한국민속촌	서대문자연사박물관	국립국악박물관
선유도공원	우포늪	서울숲	농촌 체험	선유도공원	국립부여박물관
양재천	철새	갯벌	서울숲	시장 체험	국립서울과학관
한강	코엑스 아쿠아리움	양재천	양재천	신문박물관	남산
에버랜드	짚풀생활사박물관	동굴	선유도공원	경상북도	남산골 한옥마을
서울숲	국악박물관	고성 공룡박물관	불국사와 석굴암	양재천	롯데월드 민속박물관
갯벌	천문대	코엑스 아쿠아리움	국립중앙박물관	경기도	국립민속박물관
고성 공룡박물관	자연생태박물관	옹기민속박물관	국립민속박물관	이화여대자연사박물관	삼성어린이박물관
서대문자연사박물관	세종문화회관	기상청	전쟁기념관	전쟁기념관	서대문자연사박물관
옹기민속박물관	예술의 전당	시장 체험	판소리	천마산	선유도공원
어린이 교통공원	어린이대공원	에버랜드	DMZ	한강	소방서와 경찰서
어린이 도서관	서울놀이마당	경복궁	시장 체험	화폐금융박물관	시민안전체험관
서울대공원		강릉단오제	광릉	호림박물관	경상북도
남산자연공원		몽촌역사관	홍릉 산림과학관	홍릉 산림과학관	월드컵공원
삼성어린이박물관		국립현대미술관	국립현충원	우포늪	육군사관학교
			국립4·19묘지	소나무 극장	해군사관학교
			지구촌민속박물관	예지원	공군사관학교
			우정박물관	자운서원	철도박물관
			한국통신박물관	서울타워	이화여대자연사박물관
				국립중앙과학관	제주도
				엑스포과학공원	천마산
				올림픽공원	천문대
				전라남도	태백석탄박물관
				경상남도	판소리박물관
				허준박물관	한국민속촌
					임진각
					오두산 통일전망대
					한국천문연구원
					종이미술박물관
					짚풀생활사박물관
					토탈야외미술관

4학년 1학기 (34곳)	4학년 2학기 (56곳)	5학년 1학기 (35곳)	5학년 2학기 (51곳)	6학년 1학기 (36곳)	6학년 2학기 (39곳)
강화도	IT월드(과천정보나라)	갯벌	IT월드(과천정보나라)	경기도박물관	IT월드(과천정보나라)
갯벌	강화도	광릉수목원	강원도	경복궁	KBS 방송국
경희대자연사박물관	경기도박물관	국립민속박물관	경기도박물관	덕수궁과 정동	경기도박물관
광릉수목원	경복궁 / 경상북도	국립중앙박물관	경복궁	경상북도	경복궁
국립서울과학관	경주역사유적지구	기상청	덕수궁과 정동	고성 공룡박물관	경희대자연사박물관
기상청	경희대자연사박물관	남산골 한옥마을	경상북도	국립민속박물관	광릉수목원
농촌 체험	고창, 화순, 강화 고인돌유적	농업박물관	경희대자연사박물관	국립서울과학관	국립민속박물관
서대문자연사박물관	전라북도	농촌 체험	고인쇄박물관	국립중앙박물관	국립중앙박물관
서대문형무소역사관	고성공룡박물관	서울국립과학관	충청도	농업박물관	국회의사당
서울역사박물관	충청도	서울대공원 동물원	광릉수목원	롯데월드 민속박물관	기상청
소방서와 경찰서	국립경주박물관	서울숲	국립공주박물관	몽촌토성과 풍납토성	남산
수원화성	국립민속박물관	서울시청	국립경주박물관	민주화현장	남산골 한옥마을
시장 체험	국립부여박물관	서울역사박물관	국립고궁박물관	백범기념관	대법원
경상북도	국립서울과학관	시민안전체험관	국립민속박물관	서대문자연사박물관	대학로
양재천	국립중앙박물관	경상북도	국립서울과학관	서대문형무소 역사관	민주화현장
옹기민속박물관	국립국악박물관 / 남산	양재천	국립중앙박물관	서울역사박물관	백범기념관
월드컵공원	남산골 한옥마을	강원도	남산골 한옥마을	조선의 왕릉	아인스월드
철도박물관	농업박물관 / 대법원	월드컵공원	농업박물관	성균관	서대문자연사박물관
이화여대자연사박물관	대학로	유명산	롯데월드 민속박물관	시민안전체험관	국립서울과학관
천마산	롯데월드 민속박물관	제주도	충청도	경상북도	서울숲
천문대	몽촌토성과 풍납토성	짚풀생활사박물관	서대문자연사박물관	암사동 선사주거지	신문박물관
철새	불국사와 석굴암	천마산	성균관	운현궁과 인사동	양재천
홍릉 산림과학관	서대문자연사박물관	한강	세종대왕기념관	전쟁기념관	월드컵공원
화폐금융박물관	서울대공원 동물원	한국민속촌	수원화성	천문대	육군사관학교
선유도공원	서울숲	호림박물관	시민안전체험관	철새	이화여대자연사박물관
독립공원	서울역사박물관	홍릉 산림과학관	시장 체험 / 신문박물관	청계천	중남미박물관
탑골공원	조선의 왕릉	하회마을	경기도	짚풀생활사박물관	짚풀생활사박물관
신문박물관	세종대왕기념관	대법원	강원도	태백석탄박물관	창덕궁
서울시의회	수원화성	김치박물관	경상북도	해인사 고려대장경과 장경판전	천문대
선거관리위원회	승정원 일기 / 양재천	난지하수처리사업소	옹기민속박물관	호림박물관	우포늪
소양댐	옹기민속박물관	농촌, 어촌, 산촌 마을	운현궁과 인사동	유니세프 한국위원회	판소리박물관
서남하수처리사업소	월드컵공원	들꽃수목원	육군사관학교	무령왕릉	한강
중랑구재활용센터	육군사관학교	정보나라	이화여대자연사박물관	현충사	홍릉 산림과학관
중랑하수처리사업소	철도박물관	드림랜드	전라북도	덕포진교육박물관	화폐금융박물관
	이화여대자연사박물관	국립극장	전쟁박물관	서울대학교 의학박물관	훈민정음
	조선왕조실록 / 종묘		창경궁 / 천마산	상수허브랜드	상수도연구소
	종묘제례		천문대		한국자원공사
	창경궁 / 창덕궁		태백석탄박물관		동대문소방서
	천문대 / 청계천		한강		중앙119구조대
	태백석탄박물관		한국민속촌		
	판소리 / 한강		해인사 고려대장경과 장경판전		
	한국민속촌		화폐금융박물관		
	해인사 고려대장경과 장경판전		중남미문화원		
	호림박물관		첨성대		
	화폐금융박물관		절두산순교성지		
	훈민정음		천도교 중앙대교당		
	온양민속박물관		한국에너지기술연구원		
	아인스월드		한국자수박물관		
			초전섬유퀼트박물관		

숙제를 돕는 사진

이로당

수직사

노락당

노안당

무승대

운하연지

체신기념관

조계사

탑골공원 팔각정

천도교 대교당

승동교회